臍帶之地

「naicow'ay ko puna iso?」阿美族老人家會這樣問。

當原住民族老人家問「你的臍帶在哪裡?」意為你出生的地方在哪裡?
也有不忘本的提醒。

多數的原住民族將臍帶視為新生兒與母體以及大地的紐帶,連結帶來履
行守護大地的角色,他們關照並學會與環境平衡共生,與其生活圈的其
他生命形成長期的合作關係,天地始為材料的原創者,而人類因為族群
生活形態、功能性物質與祭儀性精神的需求差異,予以材料不同的定義
及再創造。

材料和技藝(母體)是原生智慧的指引,將想法轉成文化創新,體驗設
計,藝術作品的模型(創意),讓代表同一類型的人物、物件、或觀念,
開展他種可能性,成為「教育主體」、「藝術創作」以及「產業發展」
的知識載體,打造一條不可切割的文化臍帶。

本圖錄以傳統產業相關材料盤點為起點,進行港口、貓公、新社、復興、磯崎五個部落的文化調查,涵蓋由材料延伸的生活文化內涵、祭典儀式、禁忌和工藝創造,建構東海岸原住民族的部落知識體系。並由藝術家繪製材料人文地圖,呈現林務局花蓮林區管理處與國際生物多樣性公約所倡議的「人與自然共生」願景接軌,希望藉由藝術的視野紀錄傳統智慧與環境知識、推廣在地生活的核心價值,並嘗試以文化復振作為永續綠色山村經濟的保育新策略,和部落共學、共作出適地的經濟型態。

2019 年啟動至今的「森川里海藝術創生計劃」以豐濱鄉的部落社群為對象,邀請藝術家實驗材料、進行長時間的表演藝術工作坊,透過內外串連的行動,建構與部落的對話橋樑,開啟地方創生產業發展的準備。期望針對山村間不同的特質與處境,持續累積文化資產與產業的創造動能,讓回鄉與移居青年、在地居民和外來遊客,能共同展開新世代產業的創生機會。

本書榮幸獲選 2021 年文化部第 45 屆金鼎獎優良出版品,受歡迎程度極高,特以再刷出版,特別感謝所有參與者的不吝付出與指教。未來我們將持續與在地社區和部落合作,在政策資源的調度、產業動能的引發與輔導,保有更高的彈性。無論如何,目的都是讓我們能在一個自然永續的環境內共同生活,建構以地方知識文化內容為基礎的生物多樣性惠利機制,實踐人與自然和諧共生的願景,而這亦是林務局與部落之間的共同目標。

林務局花蓮林區管理處處長

黃群策

親愛的 讓我們按圖索驥 翻新產業吧

近年來，我們（林務局花蓮林區管理處），接軌國際倡議的「里山里海」環境保育觀點，同步詮釋地方傳統文化與生態倫理。因此，永續山村綠色經濟的發展，也就成為當前的重點工作。

2018 年我們開始積極參與「森川里海藝術季」活動，以藝術為名，建構部落相關的對話橋樑，並由此延伸在今（2020）年執行「森川里海藝術創生基地計畫」，邀請不同類型的藝術家駐村創作，並以部落社群為主要對象，透過內外的串連作為驅動地方創生產業發展的準備。期望針對山村間不同的特色與困境，持續累積部落文化資產與產業創造的能量，傳承在地知識，因應現代化產業的更替，融合當代創意，共同以復振部落文化及循環經濟為目標，達成山村綠色經濟的永續發展。

居住在花蓮縣東海岸豐濱鄉的原住民族群，主要有阿美族、噶瑪蘭族、撒奇萊雅族與布農族。他們的生活文化與環境生態的關係非常密切，發展出不同的傳統產業相關材料，積累成各族生活經濟的傳統產業。

本書為「森川里海藝術創生基地計畫」的一部分，經過一整年的努力，我們由下而上盤點各部落想發展的項目，培力族人能力。先從傳統產業相關材料開始，整理港口、貓公、新社、復興、磯崎等五個部落的傳統產業內容，以材料盤點和地點指認製作地方知識地圖和專書，作為產業創新、傳統產業翻新、相關藝術活動舉辦、旅遊產業等參照資料。

特別感謝蔡影澂（文字）、王秀茹（地圖繪製）兩位老師的專業貢獻，節點共創公司的夥伴以及所有參與本書訪談、製作的在地社群們的辛勞付出。因為有您們，親愛的我們可以按圖索驥，翻新產業囉。

出發。

林務局花蓮林區管理處前處長 楊瑞芬

展望地方藝術創生未來 —豐濱地方傳統文化材料地圖書建構

　　此一地圖書計畫的願景，是藉由逐步深入的區域性訪談內容、相關文獻資料的整理與整合，針對豐濱地區傳統文化生活與產業材料為基礎所進行的資料建構工作。這些資料將以地圖工具書的面貌呈現出來，以做為日後各個部落朝向未來創生產業的基本憑藉。無論是傳統產業的傳承延續、青年返鄉創業、地方觀光事業的創建、新移民落地生根、藝術家駐村、藝術季等相關活動，將可以以這份地圖工具書內容所呈現的軟體基礎，如在地歷史、傳統生活文化種種，做為承接過去進而轉化創造未來的初步憑藉。

　　這本工具書的建立是需要相當的時間與工作人力，還包括部落居民與部落的老人家不辭辛勞的口述提供珍貴的傳統技藝與歷史、傳說故事等。現階段以豐濱鄉的五個區域：磯崎、新社、復興、貓公、港口等傳統生活場域為盤點訪談、調查的開端。整體計畫預估將持續進行七至十年，今年為計劃推進的第一年，嘗試初步建立地圖基本的輪廓架構，目前側重部落耆老對於年代久遠前的傳統生活文化之回溯、過去在地產業發展及早期先民生活史、祭儀、傳說故事為主，並採取生活文化中的「材料」角度進行資料分析整理，以材料做為在地圖書中串接連貫整體內容的引線。

　　關於地圖工具書的使用方面，考量使用者的便利性，以書本前頁（地圖摺疊頁）中的各個材料為檢索項目，根據編碼查找書中個別生活或產業材料的細目以進行了解，細目資料如傳統的運用方式、食用習慣、曾經做為產業的歷史、生活工藝的使用、傳說與故事等等以整全性的資料表述在地文化之演繹。

　　今年作為豐濱鄉地方資料建構的元年，文化盤點資料將隨著接下來的工作持續進行而逐年增加，我們相信目前階段仍有不盡完備之處，還望各方不吝指正，讓我們下一版的地圖書能更切近我們豐厚的臍帶之地。

01

九孔（台灣鮑魚、珍珠鮑）

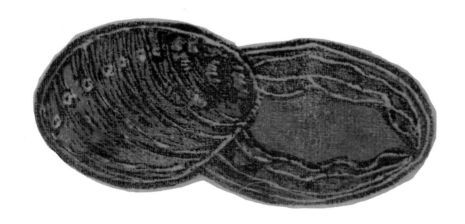

阿美語　　　setek
噶瑪蘭語　　qaiR
撒奇萊雅語　kayel

野生九孔是過去豐濱地區的常見食用貝類。在一九六○年代以前，每當產季，婦女會在較淺的水域岩礁縫隙間，以一字起子狀的工具採集。

男性則潛至深水處翻動石塊尋找，且不配戴任何氧氣裝備。平均每天可捕一至二公斤左右。另有，小型漁船載漁人至離岸較遠處，下潛捕捉九孔與龍蝦，配戴氣瓶作業時間可以比較長。當時捕到的九孔不論大小都能販售給魚販。一般漁人作業的時間是上午十點至下午五時，而且都是天氣晴朗才會下海，風浪太大或陰冷天氣則不會下海，因為採集九孔是一相當耗費體力的工作。

有關九孔的養殖業，起自民國六十三年農復會的輔導推廣之下，養殖漁民利用天然地形建造水泥蓄養池，開始收集稚貝進行養殖。由於台灣西部的九孔養殖，在一九七○年代面臨汙染日益嚴重的現象下，轉向東部未受汙染的海洋環境、又適於養殖的天然礁岩地形發展產業，當時的台灣九孔產業日趨發展成熟，1980 年代形成完整的產業鏈。根據新社、磯崎地區的訪談資料顯示，曾是當地許多人維繫生活的工作。由於二○○一年，九孔幼苗爆發附著基脫落死亡，隨時間情況日趨嚴重，至二○○九年前後，產業幾乎全軍覆沒。如今在磯崎和新社海岸仍可見到過去養殖池的池體結構痕跡。

02
海菜

潮間帶採集，噶瑪蘭語通稱為 sianguzus，包括採集海菜、貝類等。豐濱地區傍海而居，海菜是居民生活飲食中常見的菜色。如果說部落的男人各個都專擅海獵，那麼岸邊的海菜、貝類採集就屬婦女的強項領域了。採集海菜是傳統的生活習慣，因種類繁多，須先進行分類，依照適合的方式進行烹調，有些可以生吃、有的用鹽巴辣椒涼拌，有的適合煮湯。

在過去三餐中享用這些清爽的滋味是再普通不過的一件事，只是隨著環境生態的變化，有些地區在採集上相較以前困難。復興部落耆老回憶指出，約在民國四十年前，臨岸海中滿是各種海藻，游泳時需要將其撥開才能前進，但如今再也不復見了。

豐濱地區沿海，在地居民可食用的海菜種類大約近二十種，不同海菜生活在不同海域與季節。冬季海邊的海菜，會吸引許多魚類靠近岸邊覓食，這些長滿海菜的岸邊，是部落人釣魚的秘密基地。

阿美語	rengos no riyar
噶瑪蘭語	suway na lazing
撒奇萊雅語	lutuk nu bayu

03
毛蟹

每年三至五月期間，只要一打雷，毛蟹就會抱住自己的身體，順著大水流到下游。部落的人開玩笑地說，打雷的時候是最容易抓到毛蟹的時候，因為毛蟹怕打雷，身體會縮起來。部落的人會將竹子與黃藤編製的漁筌放入漁餌，開口朝下游放在河中，被水流沖下的毛蟹，會因漁餌的誘惑進入陷阱之中。過去在貓公河中有很多毛蟹，現在也不常見了。

阿美語	kahemiday
噶瑪蘭語	umin
撒奇萊雅語	umin

04
鯊魚

過去在沒有電的時代，豐濱沿海部落使用五節芒桿製作而成的火把，作為晚上夜抓時重要的照明；油燈則是後來的另一個選擇，而燃料常常就是花生油或鯊魚油脂。新社部落耆老提到，以前海岸邊就有很多體型較小的鯊魚，用刺竹做的竹筏出海，往往就能抓很多條回來，一般都將鯊魚拖行回岸邊，取出脂肪來煮，煮出的油就可以作為燈油，但在磯崎則會取海豚或鯨魚的油脂使用。另外，鯊魚油還運用在造船方面，部落裡的船都是取用山上的木頭做的，當船接近完成時，由於木板之間會有接縫，族人就會揀拾海岸邊的白石頭加以燒製成灰，再與水、鯊魚油攪和一起，塗在接縫處，就能防止船身漏水。

阿美語	kisas
噶瑪蘭語	sebeliwan
撒奇萊雅語	sangiziw

05
海貝與螺類

除了海中的潛獵活動，豐濱海岸線上的居民也擅於在海與陸地交接處的潮間帶、河口間，採集豐富多樣的貝類，作為食物的來源之一。

在復興吳阿妹耆老口中的笠螺還分成河中與海岸邊兩種，長得雖然很像，但海岸邊的吃起來味道香濃許多。

不同的螺貝種類，就有不同的吃法。海邊的石鱉，在醃製之前，需要在堅硬的方形木盤子上搓掉石鱉的殼，搓掉殼的石鱉加入鹽巴揉洗，最後放入罐中一個月後才可食用。醃製好的石鱉，充滿了發酵後的海味，味道極為美味特殊。

阿美語	toko / cekiw
噶瑪蘭語	tuqu / pais
撒奇萊雅語	sadipit / tuku

06
龍蝦

阿美語	orang
噶瑪蘭語	qabus na lazing
撒奇萊雅語	kabus

1950-60 年代左右，部落有一群潛水高手，受雇於來自台灣南部的老闆，專門潛水抓野生龍蝦，因外來商人的收購，開啟當地捕獵野生龍蝦的交易。

位於磯崎的撒奇萊雅人，將立體龍蝦網置入誘餌拋進海中，等待龍蝦到來。立體的籠子會在海中滾動，無論龍蝦從任何角度吃誘餌，終將被漁網所纏，遠比其它單一出入口的魚蝦網來得有效益。

Dipit(復興) 部落王明源阿公描述：部落過去山區的資源與稻米耕種為主要生計來源，只有在休耕或農閒時，部落才會成群結隊下山到海岸邊進行漁獵活動。「我們會在我家的觀景台（地處高處，可瞭望海岸）上聚集觀察海象和天氣是否適合下海；若一切條件允許，我們就吆喝部落裡想嚐鮮的人一起下山，有時多達二、三十人浩浩蕩蕩熱鬧非凡。

潛水抓龍蝦通常為體力好的人，「龍蝦都藏在岸邊的礁岩洞中，我們很有經驗的人，知道它們會躲藏其中的特定位置或孔洞，每次當然收穫很好！但我們並不會全拿，只捕抓今天夠吃的量就回家了。跟現在幾乎抓沒有相比，真是天壤之別……。」

07
鰻苗

阿美語　　　toda
噶瑪蘭語　　sisiw na lingay
撒奇萊雅語　wawa nu tuda

以三角網捕撈鰻苗的相關產業活動，一直以來就是豐濱地區冬季產業。捕撈期約自每年十月起至翌年一月。新社耆老潘金榮說，現在都還有大型的船隻在較遠的海上進行更大規模的捕撈，相對於夜晚人手拽三角網在沙灘上的傳統捕撈模式，大規模的船上作業能賺取很高的利潤。但可能這也是鰻苗一年比一年少的原因。

每家戶都有不同形制的三角網，有比較寬大的，或比較細長的，或尺寸比較小的等等。這些不同形制的三角網，會因為不同海岸地形，而有所選擇使用。例如：若站在沙灘上，會選擇寬大的網子，捕撈面積較大，收獲也會較多。但若海口的地形是石頭，就需要細長形的三角網，才能有收穫。

捕撈鰻苗時，三角網撈到的不會只是鰻苗，還會有其他魚苗或小螃蟹。什麼樣的網子縫製的方法比較不會卡魚苗？什麼樣的網子顏色在夜間比較隱形？什麼樣的網子材料瀝水性較快，比較省力？收集網上魚苗的碗器邊緣與弧度，怎麼樣才順手？將網上所有的漁獲放入綁在腰際上的容器，利用鰻苗細長的體型與鑽來鑽去的特性，設計出自然將鰻苗與其他魚苗分開的器具。部落在捕撈工具上一直不斷研發，求精進。

08
海膽

「我們以前是沒有人在吃海膽的，可以吃的東西很多，在海中抓魚時，整個地上都是（海床上）滿滿的，只知道不要去踩到，會很痛的！從來沒有想去吃！」復興部落耆老回憶道。

阿公說開始捕撈海膽是因為外來商人的收購需求，部落的人也才開始食用海膽。收購的時間點推測應在 1968 年沿岸公路通車後發生，根據聯合國統計資料，台灣的海膽漁業在 1967 年出現三百公噸的產量，之後在 1990 年代下滑為五十公噸、2007 年已在十公噸以下。世界的海膽漁獲主要都供應日本所需，台灣則因無總量限制而過度捕撈，最終招致整體漁業崩潰。1980~1990 年間在美洲、澳洲國家也因過度捕撈面臨與台灣相同的命運。

阿美語	afelong
噶瑪蘭語	kenasaw
撒奇萊雅語	kanasaw

09
旗魚

每年大約中秋節之後，白肉旗魚就會隨著黑潮的推湧來到台灣的東海岸。儘管風浪強大，部落中鏢獵旗魚好手各個早已登船出海，打算在今年秋冬好好大顯身手。不是每個人都能成為鏢手，站在船前的鏢魚檯，能在東北季風的浪頭上，獵到游速敏捷的旗魚，「這需要經驗、天賦及好運！」

每當有船豐收回到港口時，消息迅速地傳開，部落裡的人紛紛拎上瓶酒前往港口；為了慶祝豐收，船長現切一條魚分享生魚片給大家，以感謝天地祖靈庇佑、感恩船隊的合作無間、感謝族人的幫忙，一切在共作共享的傳統精神中完滿。

鏢刺旗魚源於日治時代由日本琉球傳入，之後台灣漁人又進行改良後成為如今的漁獵法，但因技術門檻高、以及日漸減少不敷成本的漁獲量，導致鏢魚產業後繼無人逐漸沒落。

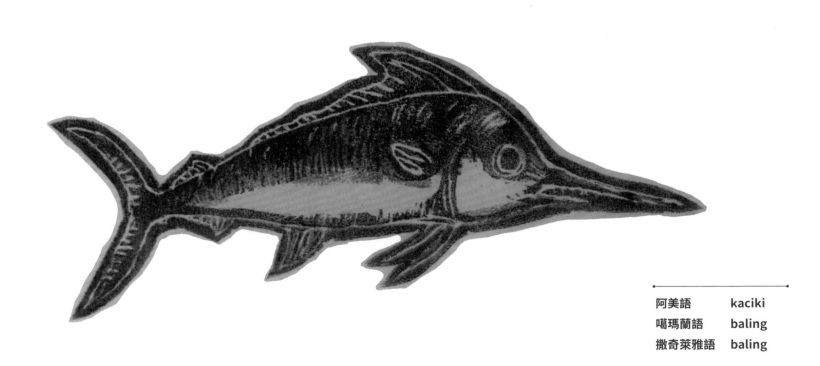

阿美語	kaciki
噶瑪蘭語	baling
撒奇萊雅語	baling

10
飛魚

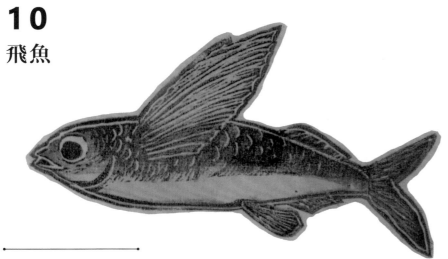

阿美語	kakahong
噶瑪蘭語	sauR
撒奇萊雅語	timu

磯崎、新社的海祭,祈求即將出海抓飛魚的船隻,平安豐收。每年 4 至 7 月是捕捉飛魚的季節,由於飛魚屬表層洄游性魚類,捕不捕得到魚完全要仰賴當天的潮水流向與流速決定。漁獲以港邊的餐廳或沿海賣飛魚乾的小吃鋪收購為主,部分會自家曬乾收藏或便宜賣給部落裡需要的人家。

潘金榮阿公提到,漁人還會製作燻飛魚乾,將魚做完初步的清潔整理後,放入特製的煙燻箱吊掛煙燻,通常會撿拾海邊的漂流木起火燃煙,燻製過後的飛魚不僅是為了保存,味道也因為使用不同的木材種類,而形成飛魚多種香味層次。

11
虱目魚

豐濱地區各部落靠海生活,漁獵是重要的經濟來源之一。在以前,虱目魚人工繁殖尚未成功時,捕撈虱目魚苗曾是家家戶戶重要的工作之一。部落的人將網子張開呈三角狀,緩緩地由岸邊推向海中,承接隨著海浪帶來的魚苗,魚苗進網後,馬上將網面抬起,讓魚苗因為網子向上抬起同時,流入網末端的小桶中。細小的魚苗計算起來相當困難,每一百隻魚苗一顆小石頭做為記號,口中念著數,自然形成的節奏,因此發展出「數魚唸謠」。

阿公說在他年輕時,撈魚苗不是只站在沙灘上捕撈,是要下海的!首先要在身上套個泳圈(廢輪胎的內胎),雙手持三角網,稍下傾斜約 10 至 20 度,往海中推行前進。

另外,現今的漁網已由尼龍魚網替代早期苧麻手工編製的魚網,因為尼龍魚網方便取得,也更耐用。早期虱目魚苗與其它魚苗的產業,主要由台南商人收購。之後,逐漸有族人成為收購商,甚至建有魚池飼養魚苗,待到一定的數量後再送往台南販售。

阿美語	icaw
噶瑪蘭語	無
撒奇萊雅語	無

12
箭竹

箭竹在港口部落傳統生活中，常被運用在建造茅草屋的牆面編製材料選擇之一，另外也會使用桂竹與刺竹等作為建材。箭竹由於乾燥後較容易脆裂而刺傷皮膚，故較少被運用在像是圓簍 safiday、採集農作物的簍 falolo 等等許多日常器具編製；但其可作為搭建菜園圍籬、魚叉、笛子、陷阱之用。阿公描述，製作陷阱須將曬乾的箭竹兩頭削尖，將箭竹一頭斜插在山中或田間下陷的土地中，以作為獵山豬的陷阱。

箭竹筍也是部落的傳統食材，每年三到五月是採箭筍的時節，通常冒出地面約 12 公分左右、同時地面下也約 12 公分的長度就是最鮮嫩的採集時機，採摘後需盡快水煮或冷藏，一般將殼剝除後需進一步水煮去苦味，煮湯炒菜皆可，除了炒肉絲外，還有加上鹹豬肉一起燉湯的傳統吃法。有人更享受直接撥開生食 (有時沾點鹽) 的微苦清甜感，另外還可帶皮烤熟後味道更香、更好吃 。[1]

▌ [1] 港口訪談

阿美語	folo'
噶瑪蘭語	bud
撒奇萊雅語	bulu'

13
山棕

山棕花是以前部落孩子的零食，每年五至六月花開的季節，山上散發著強烈的花香，號稱是部落孩子的小檳榔，其橘色的花吃起來粉粉的，一種很特殊的口感，這是部落孩子對山的童年記憶。

每一年的豐年祭前或大型集會之前，部落的年輕人會去採山棕製作掃把，將羽狀葉子從山上採集下來後，放置在院子中讓陽光曝曬至乾，再將部份葉子去除，作為手握的地方。這種山棕掃把非常適合掃廣場、院子等寬敞的地方。

另外，「編」是阿美族男人的工作，平常會使用黃藤、竹子，還有山棕的葉柄作為材料。山棕的葉柄削其表皮做成編條，編製成篩子等居家工具。

阿美語	falidas
噶瑪蘭語	belidas
撒奇萊雅語	balidas

14
檳榔

阿美語	icep
噶瑪蘭語	dadas
撒奇萊雅語	da'dac

在生活中就像是見面打招呼隨之遞上的心意。在結婚時則會從樹上直接採下一叢（有時有上百顆檳榔）為婚慶禮，一般檳榔樹一次共生四叢。

檳榔普遍地被使用在傳統的各項儀典中，一直是不可或缺的重要祭品，包含檳榔、荖葉的使用。例如：磯崎部落的 bahai（海祭）所準備的祭品包括菸、酒、檳榔、荖葉、糯米、山豬肉等，誦念祈禱文，祈求海神來年的豐收[1]。

而港口的傳統祭儀上很少使用檳榔作為祭品，通常只使用酒與香蕉葉，巫師會喝一口酒，隨即將酒噴灑於葉面，揮動葉面與神靈溝通。事後請巫師幫忙的人家為感謝巫師時，才會以檳榔作為酬謝禮，另也有遞上五塊、十塊（相較於現在當時是很大的數目）為謝禮的方式[2]。

在港口部落，向對方遞上檳榔有兩種含意：一是向對方傳達情意、另一是晚輩向長輩表示尊敬之意。這不僅限於豐年祭才有的行為，而是在一般日常生活中，族人很自然而然就遞上檳榔的表達方式。耆老描述，現在的檳榔品種很多，尺寸大、中、小都有，但過去只有一種品種（尺寸較大約 4~6 公分長），通常還要切分為四分之一或更小塊才能遞送給人。檳榔在傳統上都被大量種植在家屋四周或田邊，「就是為了能夠隨手摘了就能吃，有時還吃不夠呢！」阿公說。檳榔

在磯崎辦理的第一屆撒奇萊雅火神祭中，除了供奉祖靈的食物，還有其他儀式用品外，另外還包括了一個四瓣風車作為與祖靈溝通的媒介，這四瓣風車由檳榔鞘削製而成，分別代表天（Malata 造物神）、地（Silalaay 土地神）、右（Babalaki 祖靈）、左（Silingan 生命之神），以竹籤穿過立於地上，狀似風車以招風引靈[3]。

檳榔深入了部落傳統生活中，檳榔葉鞘用來製作日常湯匙、勺、食器的材料，而樹幹則

是建造家屋時，作為房屋樑柱的材料之一，甚至還能剖開作為牆面使用 [4]。在港口，三月的新鮮檳榔葉鞘是家家戶戶爭相採收的飯包盒材料，老人家會選在檳榔葉還在樹上，葉鞘已長成將要落下前採摘，摘下後先剝除掉表面的皮膜，捲起固定兩三天以塑形，塑形後微捲的葉鞘就是上好的包飯盒。當地有名的石頭火鍋，將燒得炙熱的石塊放入備好的食材湯鍋中煮至滾沸的美食，其使用的湯鍋就是檳榔鞘製作而成的鍋具。小朋友則是撿乾枯落下的葉鞘，除去前端細葉，作為拖滑的遊戲工具 (一人拉著葉鞘前端往前拖行、一人坐在葉鞘上的簡單遊戲) [5]。

[1] 《花蓮縣豐濱鄉原住民族部落文化誌》(2014)，花蓮縣豐濱鄉公所。

[2] 港口訪談。

[3] 《花蓮縣豐濱鄉原住民族部落文化誌》(2014)，花蓮縣豐濱鄉公所。

[4] 港口訪談。

[5] 港口訪談。

15
小米

小米過去是阿美族的傳統主食之一，因而小米也是主要的種植作物。港口早期在深山中耕種如地瓜、南瓜、小米等旱地作物 (其他部落旱地作物還包含綠豆、高粱、芋頭等)，那時還沒有鋤頭，用的還是石片工具進行耕種。相較於稻米的種植，小米需要更多的投注與維護，因此配合小米的生長週期，也衍生出祭儀文化，現今豐濱地區仍留有部分相關的傳統歲時祭儀活動。早期大部分的部落還是以農業耕種為主，漁獵為次要的活動。[1]

在清朝開始進行水稻耕種，當時還屬於少量零星地種植，較大規模的水稻種植一直要到日據時代，約 1930 年左右，日本人鼓勵種植水稻後逐步轉變為主要作物，當時先是以小米和稻米輪耕進行，一年栽種一次，在水稻逐漸傳入阿美族群部落後，才逐漸成為主要農作物。

阿美語	hafay
噶瑪蘭語	luzay
撒奇萊雅語	habay

[1] 李世偉、許麗玲《續修花蓮縣誌-文化篇》(2006)，花蓮縣政府文化局

16
鳳梨

復興部落耆老的記憶口述，日治時期到光復後，鳳梨一直都有商人前來收購，但並不清楚銷往何處。鳳梨在明鄭時期便已因大量漢人移入台灣時，與胡麻、米、棉花、大豆、油桐、油菜等一起被引入。據後來《台灣通史》資料顯示，當時台灣南部已經有相當規模的鳳梨產業，主要是從鳳梨葉抽取具高韌性的纖維，可織布、繩索、漁網、製紙等銷往大陸。

復興部落的鳳梨生產時期，應為正值台灣外銷鳳梨的巔峰，在 60 年代產量高居世界第二位，當時是台灣重要的外銷產品。

阿美語	talacay
噶瑪蘭語	unglay
撒奇萊雅語	無

17
菸草

阿美語　　　tamako
噶瑪蘭語　　bingkes
撒奇萊雅語　tabaku

¹ 蘭文里，〈菸草、菸斗與台灣原住民〉，中央研究院數位典藏資源網。2020.06.26 參考自 http://digiarch.sinica.edu.tw/content/subject/resource_content.jsp?id=3444

² 港口訪談。

³ 港口訪談。

台灣菸草分為平地種與高山種，原民所種植的品種是在十六世紀西方商船行經台灣所引入，平地種則在十七世紀由中國引入。一直到二次大戰中止前，部落種植菸草供自家吸食在部落已非常普遍¹。阿公指著前方不遠一戶人家的牆垣上一株植物說「我們以前部落人家種的菸草就像那一棵，你可以去摘一片下來搓一搓聞聞，味道很香，比外面的還香。」² 抽菸若求簡便的話，可以將菸草塞進竹管內點火直接抽；但講究一點就要用七里香木製作菸斗頭，大約可使用一年。若想要用得更久，就必須在菸槽中墊上鋁片以防止木頭在抽菸過程持續被燃燒，連吸管也換成鋁管更好。（阿公說當時已有販售現成的鋁製零件可用。）

關於菸草的種植與製作，過去約在每年春天插完秧後三、四月份時就開始可以種下菸草，約五個月後就可收成了，時節約為八、九月，剛好此時的太陽很適合曝曬菸草，一般來說要避開下雨天共需兩個月的時間才能完成，若不下雨的話，只要一星期就可完成曬菸草的工作！阿公說。

接著，就開始要將曬乾的煙草捲起綁一星期，之後再拆開將更多的煙草相疊捲成紮實的棒狀，為了讓這一棒狀菸草緊實如木棍，在菸草棒外側須包上一層檳榔葉鞘，再以藤皮一圈一圈施力裹緊置放陰涼處三個月，如此可長期儲放。當需要菸草抽菸時，拆掉藤皮和葉鞘後，以小刀削下菸草棒一頭所需的煙草屑量，塞入菸斗中點火即可。這就是港口傳統的製菸過程³。

此外，菸在許多部落的祭儀上也是不可或缺的祭品。港口部落耆老回憶：在天主教進到部落前，族人在遇上困難或難以解決之事時，都有透過巫師幫忙進行特定儀式的傳統，tamako(香菸) 是儀式上的使用的祭品。

18
月桃

月桃四季都可採集，作為編織材料，被廣泛運用在編籃的製作上。月桃葉同時也是重要的烹飪材料，例如以月桃葉包糯米蒸煮，製作撒奇萊雅人口中的「月桃 hakhak」；使用兩片完整的月桃葉相疊，去除葉梗後，編製成口袋狀放入蒸好的糯米飯後摺葉封口，放進蒸籠蒸煮，讓每一粒飯都帶著月桃濃郁的清香。月桃心也可食用，餐桌上常出現月桃心煮湯或川燙後炒食。

在港口部落的定置漁場，過去曾取月桃葉鞘製繩，製作漁業用繩，強而有力。以前每年 2-3 月份，定置漁場需要重新整理海上瞭望台，部落的人會去山上砍大量的月桃，扛去漁港賣給漁場老闆。用月桃纖維製成的繩子，比較耐泡海水，所以船錨用繩一定是用月桃製成。

阿美語	lengac
噶瑪蘭語	naned
撒奇萊雅語	lalengac

19
白甘蔗

甘蔗在台灣大致分為兩類：「白甘蔗」為製糖用，肉質較硬不適生食，但糖度高適合製糖與充當甘蔗汁原料，亦稱糖蔗。「紅甘蔗」糖度低但肉質脆，適合生食與榨汁，也稱果蔗。

豐濱地區各部落有種植白甘蔗的記憶。當時每年 11 月份陸續會有商人來部落砍甘蔗，拿去光復製糖。

港口部落阿嬤說，甘蔗除了一般吃的甘蔗莖之外，甘蔗心是甘蔗的嫩苗，也可以入菜。

阿美語	**kohecalay tefos**
噶瑪蘭語	**tebus**
撒奇萊雅語	**tebus**

20
香蕉

[1] 《花蓮縣豐濱鄉原住民族部落文化誌》(2014)，花蓮縣豐濱鄉公所
[2] 《Mipalafang Kita - 來作客》(2018)，花蓮縣政府
[3] 郭信厚，《台灣經濟作物圖鑑》(2019)，貓頭鷹出版

根據復興部落王明源阿公口述，過去日據時代曾有商人前來收購香蕉、薑、鳳梨等作物。香蕉葉除了在日常生活中被當作盛放食物的器皿、或戶外的坐墊之用，更重要的是在過去是最常被部落巫師使用的醫治工具。「過去的巫師會用香蕉葉治病，將不好的東西吸出身體。」港口的耆老說。另外豐濱部落的張玉英耆老也提到「巫師幫人治病的方式，先把酒含在口中，然後噴出酒在病人身上，這個動作有驅魔（isayah）的意思，也會用香蕉葉作為醫治的工具。」[1]

benine 為噶瑪蘭語香蕉之意。香蕉心是族人喜歡的零食，食用方式一種是涼拌：將香蕉心切丁以鹽巴和辣椒搓揉入味，有時佐點橘子會更有滋味。另一道是蒸煮：將曬乾的香蕉果肉與糯米一起蒸煮，再搗製成香蕉麻糬。[2]

新社噶瑪蘭著名的是香蕉絲的纖維運用，據資料顯示十七世紀噶瑪蘭人便以香蕉絲織成日常衣物，日本沖繩也以此製作和服，質地清滑透氣，非常適合作為夏日衣料。[3] 如今在工作坊中可見到由香蕉纖維製作的繩、織帶、帽子、置物袋、簾子、服飾等等各種生活所需用品展示販售。

阿美語	pawli
噶瑪蘭語	benina
撒奇萊雅語	paza'

21
桂竹

桂竹為台灣特有種，可食用分別為春天萌生的春筍、還有形體相對較小的秋筍與冬筍，味鮮美適合燉煮湯。耆老說，以前港口種有很多的桂竹，後來因為不蓋茅草屋了，不再有人照顧桂竹便逐漸減少。桂竹也因為細緻材質與易於塑造特性常被運用在棚架的搭設、畚箕、搖籃、編製放秧苗的圓形竹籃等，桂筍長高變成桂竹，它的葉面會比較寬，剛好可拿來製做斗笠、做包肉粽的粽葉[1]。

[1] 港口訪談

阿美語	tekes
噶瑪蘭語	nansi
撒奇萊雅語	angsi

22
福木

福木，原產地菲律賓、印度、琉球、錫蘭、台灣蘭嶼、綠島，為近代部落使用的染料之一。

新社噶瑪蘭族人將其作為染製香蕉絲纖維的天然染料，其它染料還包括檳榔子、薯榔等，有時還會用灰水、鐵泥作為媒染，以增加顏色的豐富度。

貓公耆老也分享了關於苧麻纖維的天然染色材料，fumu(福木，黃色)、藍染（藍色）、koleto(薯榔，深褐色)、papah no konga（蕃薯葉，紅色）kakoyor(虎爪豆葉子，黑色)。一般苧麻在煮染後，再進行整經動作，始能開始織布。

23
麵包樹

麵包樹原產於中南半島及太平洋群島，清領時期 (1683-1895 年) 自南洋引進。由於木材質地很輕，常被使用在日常生活的器具製作上。

麵包樹的果實在豐濱地區常被煮湯食用。每年七、八月，麵包果結實纍纍，部落的人會用長竹竿綁尖銳金屬棒，從樹下穿刺麵包果，或是爬到樹上採集。採集下來的果實，將刀子沾油削去外部硬皮，因為果實被削處會流出乳黃色的汁液，非常黏稠，難以處理。削皮後的麵包果放在水中浸泡，以防變黑，同時也可去除部分黏液。將採下來的果實全部消除硬皮後，用大鍋水煮果肉，再分裝冷凍，以便保存。

阿美語	無
噶瑪蘭語	無
撒奇萊雅語	無

阿美語	facidol
噶瑪蘭語	tedasay
撒奇萊雅語	apalu

麵包樹的葉片是盛裝食物的餐盤、或是包上山便當的材料。老人家更利用葉背的絨毛特性，來保存家族的食用鹽巴。

24
薏苡

港口以前的婦女愛美會自己穿薏苡珠做手環、項鍊與其它飾品，有時也做小手環給小孩戴。以前在部落隨便撒都長得很好，到處都是薏苡，但現在都沒有了！都找不到了！耆老說[1]。

原民部落所使用的薏苡珠(野生種)與現在我們食用的薏苡(栽培種)不同，現在的薏苡是光復後，台中農改場自日本引進所選育的新品種(栽培種)[2]，也是一般食用的薏仁，總苞為紅褐色。而部落傳統使用的薏苡據資料在日治前即有少數栽種歷史，在台灣又稱「薏米珠」(野生種)。總苞堅硬而光滑，剛開始長出來是綠色，接著慢慢就轉變成各種不同顏色，如：黑色、咖啡色、淡褐色、白色或灰色等[3]。

阿美語	無
噶瑪蘭語	tibu
撒奇萊雅語	無

25
水牛

阿美語	kolong
噶瑪蘭語	qabaw
撒奇萊雅語	katalalan

飼養水牛為幾個濱海部落為耕種目的所必須。在對港口、貓公、復興、新社、磯崎等地區的調查中，唯磯崎地區在過去有大量的飼養牛隻的產業，並非為傳統耕作所需，而是以供應食用的交易買賣，如今仍持續有相關的產業持續進行。

約民國 58 年前後，磯崎開始大量在山區進行牛隻的畜牧產業，兩三隻小牛開始，一直到約有兩百、三百頭的牛隻養殖量規模，牧場的範圍從磯崎部落沿岸田邊山區，甚至延伸至北面的芭崎與牛寮坑與北加路蘭山間的山區，主要供應給外地商人和附近部落買賣。

[1] 港口訪談。
[2] 郭信厚，《台灣經濟作物圖鑑》(2019)，貓頭鷹出版。
[3] 江文章，《認識薏苡作物與分辨真假薏仁》，節錄自 http://www.ktf.com.tw/，下載日期:2020/07/05

26
牛糞

「牛都吃草，所以牛糞不臭，會有草的香味」新社潘金榮耆老笑著說。以前稻子收割了要曬稻子，但地面的土容易沾黏到稻子而有所損失，如果先將牛糞抹平在地面上待乾之後，再曬上稻穀，稻子就會乾乾淨淨的。一般來說，會將牛糞、植物纖維（稻草或其他）、泥土等一同攪拌，均勻平整地塗抹在屋前的空地上，並且會依著空地或院子大小抹得方圓整齊狀，不僅是為了留下更多稻穀，同時也會讓家屋前顯得乾淨（過去也有人家為此而大費周章塗抹牛糞地板）。

另外，早期的茅草屋建造時，牛糞也是重要的牆面材料。由於牆面是使用竹子或五節芒編製，為了不使海風從編牆的縫隙吹進屋中，有些人家會在牆面抹上混合稻殼與纖維的牛糞填滿縫隙，這讓屋裡在冬天時變得溫暖，冬暖夏涼。[1] 不過，隨著時代轉變，人們將稻草或茅草夾在牆中間替代了牛糞，公路開通後又有空心磚、磚頭、水泥材料與新式建築的引進，逐漸地茅草屋也被取代。[2]

[1] 訪談新社部落潘金榮耆老 (2019)
[2] 訪談復興部落黃春生、吳阿妹耆老 (2019)

阿美語	tai' no kolong
噶瑪蘭語	tad na qabaw
撒奇萊雅語	tai' nu katalalan

27
林投

海邊採林投心煮林投花生湯，是過去港口部落在颱風過後的吃食記憶。

阿嬤說，每當颱風過後沒有什麼菜可以吃，種的菜都被強風刮壞了。這時阿公就會到海邊採林投心，砍下莖頭的一段，削去葉片，剩下中心的嫩莖，就是可食用的林投心。鍋子中將敲碎的花生與林投心一起燉煮，就是阿嬤懷念阿公的滋味。

除了林投心美味的湯外，林投葉在過去也是孩子製作童玩的材料；例如風車的製作。將林投葉緣的刺以小刀去除後，編製十字形風車。另可製作葉子號角，形狀猶如海中的法螺。聲音變化可由號角的長度所調控。

新社噶瑪蘭人會用林投葉去刺後，編成飯包給家族的男性上山食用，這種飯包叫做alipungpung。家族女性包的飯包越大，所使用的葉片就越長，這個充滿愛的便當在部落稱之為「情人便當」。

阿美語	talacay no riyar
噶瑪蘭語	pangzan
撒奇萊雅語	palingad

28
白茅

頂加速敗壞，但排水良好的則可以二至三年更換一次白茅。

另外，為了不讓寒冷的海風從牆面的縫隙灌入室內，有些人家會在外牆敷上牛糞，將牆面的縫隙填滿。新社老人家說，當時講究一點的人家，築牆前還會將回收來的玻璃瓶倒插入土排列在牆面下方，以防止老鼠咬壞牆腳進入室內。可以想像白天婦女在屋內織布時，除了門窗外，陽光也透過家屋牆下各色玻璃映照進五彩的斑斕光芒。

另一種牆面則是在兩片 penen 所編織的牆中間放入一層有一定厚度的白茅，並以藤線束緊，作用也是防止海風吹進室內。雙層牆夾白茅的作法常見於家的製作，但也有許多人家因為經濟或其他因素，僅製作單面牆不再添加白茅或敷入牛糞；若是獵人或野外所搭建的獵寮、山屋等常僅簡單架設無牆的茅草屋作為臨時居所。

在大港口地區，會在製作黑豆豆豉的養菌過程中，覆上一層白茅在煮過的黑豆上，以促使菌種的生長，白茅可視為養菌的關鍵植物之一。

白茅在過去被使用的範圍相當廣泛，如傳統屋、培養豆麴…等等之用。

各個部落在傳統屋的構築手法上大致相仿，僅存在約略的差異。磯崎部落的傳統屋的牆面以 penen、竹子等為材編製，白茅則是覆蓋屋頂的主要材料，以由下往上的方式層層堆疊，如此能讓雨水順著白茅走向順勢流出，堆疊完成後押上壓條（竹材），以藤線束緊綁定完成。傳統屋的屋頂傾斜角度，與茅草屋頂腐壞的速度有關。有積水的茅草屋

阿美語　　　eli'
噶瑪蘭語　　eRed
撒奇萊雅語　eli'

29
黃藤

在部落，黃藤是相當普遍被採集使用的植物，包含食用黃藤心、編織用的藤皮及藤條等。一般農閒的日子裡，部落男人上山採集黃藤，先將滿是刺的黃藤莖頂砍下，除去表面的刺後帶回的藤心，藤心得馬上煮食，若不馬上烹煮，須將切斷面塗抹木灰，不然藤心會發黑。另外，取藤皮做編材，採藤下山後，將黃藤剖成四瓣，阿公會將要削的藤放在大腿上，刀不動，抽藤削去其肉，以作為日後編織的備料。黃藤耐用，具有彈性，常用於上山背籃、漁具或生活用具，甚至被運用在家屋的綁繩。目前在花蓮豐濱磯崎部落的傳統老屋中，還保留著以藤材編的大通鋪。

磯崎部落也是目前豐濱鄉唯一在豐年祭儀式之前，部落男子須上山打獵採藤心，每戶家中十六歲至六十九歲男性須繳交三十支藤心，這是對男性山上技能的一種考驗。

藤心排骨湯的滋味是部落居民無可抹滅的傳統記憶。藤心經過適當的處理後與其他食材燉煮，從湯中散溢出來的清香總是讓人們念念不忘。這是如今各個部落中還時常出現在飯桌上的菜色。

阿美語	oway
噶瑪蘭語	uway
撒奇萊雅語	uway

30
香茅

阿美語	kosoy
噶瑪蘭語	kusuy
撒奇萊雅語	kusuy

香茅油的種植與提煉，起因於當時日本的大量需求，農民口耳相傳提煉成油後，將有較高獲利為誘因，東海岸這項產業沒落時間約為六○年代前後。各部落競相開墾周遭近海山坡地，以幼苗開始種植。幾年間甚至成為部落家家戶戶的重要產業。根據部落曾經歷過這項產業的耆老們表示，海岸所種植的香茅，相較於當時山區（花東縱谷地區）所提煉出來的油量更大、質地也較精純。

一般採收時間為初夏，由於種植的面積平均來說都有相當大的規模，新社部落的阿公面對山的方向舉起雙手說，「你所看到的林地全部都是，看不到邊際。」這種大面積種植的情況，包含磯崎、新社、復興、港口等部落都曾經歷。

由於面積大、採收需要大量人力與時間，當時各部落就已經自己架設由山區運往提煉處的流籠設備，將高山上採收的香茅草經由流籠送下山，進行下一部份的處理。提煉的設備一開始是由收油商人帶入，居民逐漸理解整個製程後，開始運用山區堅固耐用的木材作為桶身材料，由麻繩或竹子製成的細繩將相接的木片綑緊，據說以竹繩綑綁是最好的方式，木片較不會因此而滑脫開來，導致桶子裂開。桶身最大半徑一百二十公分以上至兩百公分都有，呈腹大口小狀。逐漸地，磯崎、新社、港口都陸續有會製作蒸餾系統的族人，有些成為收成期間專職修繕各家蒸餾設備的人，有些則協助執行蒸餾工作。機具通常都設置在溪邊附近，因為蒸餾的過程需要大量的冷卻水源。提煉的過程，會請身材較嬌小的族人在桶子裡踩草，主要是為了將送進去堆放的草踩踏緊實，有利蒸餾出更多的香茅油。一旁嬉戲的部落孩子，會拿著煮過的香茅草編成繩子遊戲。大人則忙著在桶邊取材生火、遞送草料，直到桶裡堆滿香茅草後，開始進行燒煮的提煉工作。

根據訪談資料統計當時的煉油設備數量：
磯崎部落：七座（分布於傳統領域的四條溪邊或溪口）
新社部落：七、八座（皆設置於沿海河口）
復興部落：三座（皆位在部落後方山區梯田邊）
港口部落：四座（位於河道兩側與山區）

提煉出的香茅油，由外地商人收購。後來主要的消退原因有許多，多數的受訪人都表示，當時有不肖的收購商人在香茅油中加入了其他雜質油充數謀取暴利，以致買方逐漸不再信任與收購。

31
稻米

稻作在豐濱海岸地區分為水稻與旱稻兩種種植法。港口地區在過去農耕時代根據品種種植有較為明顯的差別，並賦予不同田區特殊的命名，就像每個人都有自己的姓名一樣。

收割下來的米，過去除了自給外，一般都作為長期的營生產業。在五〇年代濱海公路開通前，豐濱（貓公）、新社、復興、磯崎等部落都有通往花東縱谷的山路古道，透過這些崎嶇的小路連結，居民將收成的米由部落的青壯男子一袋袋背負至光復、鳳林等地，販售以換取其它日常所需物品。一般的行程為兩天一夜，復興部落王明源阿公說：步行穿越山林抵達後必須馬上進行交易與採購日用品，很快就天黑了。就只能休息一晚，隔天一早天還沒亮，一行人就踏上歸途。回程的心情是輕鬆愉悅的，還會唱唱歌一邊採集各式可口的野菜為部落的餐桌加菜。

阿美語	panay
噶瑪蘭語	sabaq
撒奇萊雅語	tipus

32
蓮草

約在民國五十一年濱海公路通車後，蓮草逐漸成為沿岸部落居民重要的收入之一，外來的商人收購大量的蓮草心材，據說當時主要作為紙漿（製作宣紙）材料之用，部落表示並不是很清楚真正的用途。只知道有滿山遍野採不完的野生蓮草。

由於蓮草心的取得需要在砍下蓮草後，立即以長木桿子推出蓮草心。根據不同直徑大小的蓮草心，要準備不同直徑尺寸的木棍相對應，才能將蓮草心完美地推出來。部落老人家回憶年輕時與朋友一起去山上採集蓮草的過程，在一片滿是蓮草林間，一行人熟練地推撬工作時，可以看到樹林的上方一支支被撬出來的蓮草心飛舞著的景象。

蓮草心是質地相當輕的材料，因此當時的年輕人半天內可以採收到相當的數量，又加上當時一台斤約五十元的高價收購，讓許多家庭紛紛投入蓮草心的採集。

阿美語	kowa' no lotok
噶瑪蘭語	bituq
撒奇萊雅語	batuh

33
薑

薑的種植對於過去的復興部落曾短暫地扮演
著重要的生計產業項目。耆老王明源描述當
時因為這邊的薑品質細嫩肥美、味濃香等特
質,讓外地人紛紛來收購這裡生產的薑 (也
包含大量輸出至日本),價錢也非常好;那
時家家戶戶都有種植作為主要的經濟來源。
後來沒落的主要原因,是因為價錢好開始有
不肖業者另外挖取月桃根充數,因為月桃根
的外型似薑,此後日本商人便逐漸再也不來
收購了。如今,部落中仍有種植,但僅供作
自足所需。

但現在的磯崎地區仍有販售薑,主要種植在
高山部落地區,由部落裡的婦女們墾伐種
植,也種植其他農產品,如金針、芋頭、菜
葉類等,販售的對象以外地為主。

阿美語	adiyam
噶瑪蘭語	uzip
撒奇萊雅語	tayu

34
毛鞘蘆竹

毛鞘蘆竹是噶瑪蘭 metiyu 進行儀式的重要
祭祀植物。在以前，每當部落有人往生，
出殯後隔一天，會舉行慰靈儀式。噶瑪蘭
metiyu 會手拿毛鞘蘆竹敲打召喚祖靈。
metiyu 會透過葉子上的水珠，看到祖靈回
來。儀式最後，metiyu 一樣手拿毛鞘蘆竹
敲打往生者的物品，提醒往生者記得帶走，
不要留念。

如今，因為信仰系統的轉變，人們的需求減
少與傳承的斷層，就連 beRated 也因總總
原因在部落間消失。部落中的年輕人經多方
奔走，尋找傳說中的 beRated，終於在新社
復育有成，使得這個具文化象徵代表性的植
物，繼續將故事流傳下去。

備註：在噶瑪蘭文化中，metiyu 這個身份
需有天命指定的徵兆，是能與神靈連
結、解除災禍、除病治傷和執行部落
祭典之人。

阿美語	無
噶瑪蘭語	beRated
撒奇萊雅語	無

35
薯榔

薯榔的塊根在豐濱地區濱海的部落間，過去
多被運用在染製漁網。過去部落的漁夫以苧
麻捻的線為材料來勾漁網，並以薯榔汁液進
行煮染，以加強漁網的耐用度。重要的並非
漁網被染成了程度不一的咖啡色系，而是薯
榔成份中富含單寧酸及膠質，染色後能加強
纖維韌性，防止海水腐蝕漁網纖維。阿公很
自信地說這樣的漁網用上好幾年不成問題。
漁網染製的過程須將薯榔切碎加水滾煮出汁
液，再將漁網放入汁液浸泡一整夜，隨後晾
乾即完成。漁網染薯榔後一至二年需要重新
染製，以增強漁網保存年限。

阿美語	koleto
噶瑪蘭語	tamak
撒奇萊雅語	tamak

36
刺竹

ipaz 是噶瑪蘭以刺竹所製作的竹筏。無帆，專事短程、短距的漁業活動。刺竹材料取自周邊鄰近山區，將十幾根的刺竹並排，以黃藤緊綁形成長度約八公尺筏身。耆老特別強調綑綁前，必須先去除竹子表面的皮泡水，以防止竹筏下水後，經過日曬及浸泡腫脹時，因為表層無法伸展而導致竹管裂開，反而因此進水功虧一簣。[1] 在過去還未有膠筏的年代，ipaz 就是在溪流中或近海漁獵的重要舟楫，每當刺桐花開時節一到，族人就準備乘竹筏出海捕飛魚了。

另有稱為 wapi 的有帆竹筏，相較於 ipaz，wapi 可承重載物，且適合長途遠行；因此，在沿海公路還未開通的年代，wapi 就是噶瑪蘭人與北方漢人進行交易時的重要交通工具；如運送農作物到花蓮販售、或者從花蓮運來生活日用品與米酒往返皆需仰賴 wapi。[2]

阿美語	fitonay
噶瑪蘭語	tepen
撒奇萊雅語	bitunay

[1] 新社部落潘金榮耆老口述 (2019)
[2] 林素珍《噶瑪蘭—新社和立德部落歷史研究》(2017)，原住民委員會 / 國史館 / 國史館台灣文獻館

37
大葉山欖

qusup(大葉山欖) 如今是噶瑪蘭人的守護精神象徵[1]，傳統上只要是噶瑪蘭人居住所在四周，都可見到大葉山欖。族人在過去常運用其樹幹作為建造房屋時的樑柱、也取其質地輕軟故作為造船的選料等[2]。其果實成熟後，形狀橢圓肉質富彈性，果實常常和其它如雀榕、蘆葦嫩芽等作為過去噶瑪蘭小朋友的零嘴[3]。如今在新社國小校園入口處還可以見到大葉山欖的身影。

過去港口阿美族若有人受傷，會採大葉山欖的葉子搓揉後敷在腫脹處使消腫，效果很好，很快就不腫了。耆老說。另也提到生長在港口石梯坪地區的大葉山欖於海岸邊樹型矮小不似新社地區的高大挺拔，「那是因為我們這邊位於河口又吹東北季風，大葉山欖呈現橫向發展的狀態」阿公說[4]。

阿美語	無
噶瑪蘭語	qasup
撒奇萊雅語	katup

[1] 林素珍，《噶瑪蘭－新社和立德部落歷史研究》(2017)，原住民委員會 / 國史館 / 國史館台灣文獻館。
[2] 鐘民哲、楊智凱著，《台灣民族植物圖鑑》(2012)，星辰出版公司。
[3] 《花蓮縣豐濱鄉原住民族部落文化誌》(2014)，花蓮縣豐濱鄉公所。
[4] 港口訪談。

38
毛柿

傳統家屋的四周通常會栽種檳榔、麵包樹與毛柿。據部落老人家說，以前部落內有很多毛柿樹，由於毛柿生長速度慢，木質堅實，是上好的木頭。曾經有一時期，晚上睡覺起來，家屋旁的大棵毛柿樹被外地人砍伐偷走，可見其珍貴。阿美族會食用毛柿的果實，果實 8 月時會從樹上成熟掉落，部落人撿其落果來吃，毛柿果實成熟後擁有特殊的香氣，十分濃郁。

阿美語	kafohongay
噶瑪蘭語	kabuRungay
撒奇萊雅語	kamaya

39
白背芒

penen 為阿美語名，是一種禾本科植物，現在近山已經很少見。阿公說 penen 以前到處都有，越是使用它，修剪它，它長得越好。部落以前會上山拿木頭蓋房子，現在建築材料的改變，山上的樹沒有人去砍伐與整理，樹越長越高大，加上部落養牛的人變少，樹的嫩芽長出來不會被牛吃掉，森林的範圍越來越大，讓需要充足陽光的 penen 慢慢消失。

阿美語	penen
噶瑪蘭語	pedatay
撒奇萊雅語	peneng

40
木薯

阿美語	kisiyafa
噶瑪蘭語	apaw
撒奇萊雅語	apaw

港口部落青年階級四年級 mi'awaway，每年豐年祭前要將 penen 火把材料綁製成火把，豐年祭第一天迎靈儀式的開始，持 penen 火把下山。在 penen 火把的製作與使用上，使用的部分是 penen 莖較粗的部分。老人家有時會刻意留下較老的 penen 至葉落，以作為火把之用。另外，penen 的嫩莖可以食用。新社部落則選擇採收後，平舖太陽下曬乾後製作火把。在過去，penen 火把除了儀式中使用外，平時也作為夜間照明行路之用，新社及港口部落晚上海邊夜抓作為照明。復興部落則是因為他們虔誠的信仰，在過去家家戶戶在一天農忙與晚餐後，每晚族人會攜家帶眷舉著火把到教堂聚會禱告，之後再各自回家睡覺，因此火把成了每家不可少的用品。

penen 也普遍地被運用在傳統家屋的建造上，以及戶外家具的編製。在家屋的建造上，主要是牆面的編立，編牆技術在過去已可說發展得相當純熟。從簡易單層到較複雜的兩層以上的厚牆編法，隨著阿公的記憶精確地述說出建造的程序工法。

在豐濱沿海山區常見的木薯，早期於日人入侵南洋後由東南亞引入台灣，為確保開戰後若被盟軍封鎖也可自給自足，因而將纖維植物如：黃麻、苧麻、棉花，油料植物如：蓖麻、落花生，另澱粉植物：木薯、甘藷等為當時重點發展植物大量種植生產。光復後，因生活品質逐漸改善，木薯等作物逐步被高利潤的花卉、水果取代而減少產量[1]。

過去港口部落會自己種，食用其地下莖，切段煮食或蒸食，就跟傳統中水煮地瓜的吃法相同。另外還會敲製搗碎，就像製作豆漿或米漿一樣的方式，加入糯米中一起蒸，如此會增加年糕的黏性，加愈多就越黏。阿公特別強調，木薯不管水煮或蒸，都一定要熟透，否則它的毒性會導致過敏、頭暈甚至死亡[2]。

[1] 郭信厚，《台灣經濟作物圖鑑》(2019)，貓頭鷹出版。
[2] 港口訪談。

41
仙草

阿美語	kanting
噶瑪蘭語	無
撒奇萊雅語	無

仙草採集的最佳時間是每年 9-10 月份，必須在開花前採收，其香氣與成分濃度較高。耆老描述，港口部落的仙草通常和茅草長在一起，採茅草時順手採仙草，仙草全株收割充分地曬乾，之後煮成仙草茶、或加入葛粉作仙草凍[1]。假使收割時留下根部，則隔年春天就會重新萌芽生長；若是和水稻輪作的話，那麼會以扦插或播種的方式進行繁殖[2]。過去貓公地區的族人採集仙草是為了與平地人交換生活所需物資，像是豐年祭快到了，就趁農忙空閒時去採仙草，從而得以換得布料做新衣服[3]。

[1] 港口訪談。
[2] 郭信厚，《台灣經濟作物圖鑑》(2019)，貓頭鷹出版。
[3] 《花蓮縣豐濱鄉原住民族部落文化誌》(2014)，花蓮縣豐濱鄉公所。

42
桑椹木

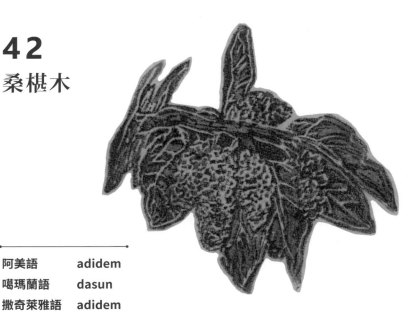

阿美語	adidem
噶瑪蘭語	dasun
撒奇萊雅語	adidem

桑椹木質地精實，在部落中常被運用在傢俱、農具的製作上。樹皮、樹枝、樹根、樹葉都有可利用的價值。港口耆老回憶道，桑椹木非常耐用，不容易腐壞，所以過去會選用桑椹木作為建造房屋的柱子，但當時並沒有人刻意種植，都是野生的狀態。近年有人種植都是作為觀賞用[1]。耆老指出，新社當地香茅產業極盛一時，當時提煉香茅油所用的大型煉製桶，所用的板材中就包含桑椹木在內[2]，但在港口訪談裡，當地的香茅桶製作採用它種木料並非桑椹木材。現今在復興部落桑椹果實被做成水果酒、蜜餞、果醬、果汁[3]。

[1] 港口訪談。
[2] 新社訪談。
[3] 復興訪談。

43
椰子樹

椰子相關產業在港口地區是近年才有零星種植販售，在過去的歷史中，早期地方上無人知曉椰子，最早開始種植是部落的人發現漂流至岸邊發了芽的椰子，帶回種植才有初步認識；爾後，部落的年輕人因為從事遠洋漁業，由外地帶回不同品種的椰子種植，部落才有喝椰汁、吃椰肉的經驗。之後甚至還有人會採摘未長成的小粒椰子當作檳榔嚼食。阿公說自己過去也種些椰子樹供自家用，為能方便爬上高大樹頂摘椰子，還將一截截短鋼筋打入樹身以利攀爬採摘[1]。

日治時期 (1896~1945 年) 日人大量引進棕櫚科植物，如黃椰子、蒲葵、大王椰子、海棗…等等[2]。豐濱地區椰子開始被大量種植作為經濟作物，主要是配合 1950、60 年代「滿足國內軍民供需並賺取外匯」的經濟政策下，有計畫地引進種植，除生產椰汁供飲用外，可榨油、作為食品加工原料。1960年代左右，由於公路的開通，許多阿美族人紛紛離開部落到外地工作。導致原來的傳統農業欠缺人力，許多的稻田由農會輔導改種其他經濟作物，例如：椰子樹。這裡所指的椰子樹是可可椰子。

1990 年 (民國 79 年) 全台種植面積約有3409 公頃，花蓮縣的栽種約 20 公頃，同時兼具防風林與耕地保護林作用。在民國 91年台灣加入 WTO 之後，大量進口椰子衝擊台灣本土生產椰子價格，因成本不符、經營規模小、人力老化、無相關產業結合、椰林轉作不易等因素，產業遂逐漸沒落[3]。

阿美語	afinong
噶瑪蘭語	椰子樹 yasi （日語借詞）nuzu 是椰果肉
撒奇萊雅語	無

[1] 港口訪談。
[2] 潘富俊，〈台灣外來植物引進史〉《外來種防治教育專刊：植物篇》(2008)，台灣環境資訊協會
[3] 張治國，〈台灣椰子產業現階段遭遇之問題與因應對策〉《農政與農情 132 期》(2003)，行政院農委會

44
蓖麻

阿公的油燈，從燈座的木片成型到金屬提把與玻璃燈罩的固定與配置，所有細節無不做到功能極簡又在點燈剎那為當下每個人帶來溫暖。以前沒有電燈與手電筒的年代，部落會搜集廢玻璃瓶、漂流木、金屬等材料自製油燈，而燈油早期所用的是蓖麻子壓製的油（castor oil），後期才用煤油點燈；蓖麻種子成熟時，部落老人家覺得種子長的很像笑臉，所以稱蓖麻為 katawa'ay，「笑」的意思。蓖麻種子本身含油量相當高，甚至有人直接用蓖麻子串起來點火，為夜歸的族人照路。

蓖麻原產於非洲與印度，在荷據時期被引入台灣，如今在溪床、海岸邊、平地排水較佳處仍常見其蹤影。由於在高溫下蓖麻油不易變質、燃燒慢且無油煙，故其為日本二次大戰期間重要物資，曾鼓勵推廣種植以供所需，據說當時大量栽植達數千公頃。蓖麻油也可作為船隻、汽車、飛機或機械潤滑用油。

阿美語	katawa'ay
噶瑪蘭語	singet
撒奇萊雅語	katawaay

每當有人想吃魚的時候，就會相邀一起捕魚，這是部落裡大家一起做的事之一；採集魚藤的根用石頭或棒子敲打後，放入水中讓汁液隨著水流四散開來，魚藤因為有麻痺作用，因此魚群會暫時行動遲緩或「昏迷」浮上水面，此時等待在中下游的族人便可以輕易地「撿魚」了。阿公說，下游撿魚的人其實也會分成前後幾個不同的位置，前面撿不到的，還可以給後面的人撿；有時太後面接近出海口的地方，當魚藤的作用已經退散，魚會突然驚醒過來逃走。因此，老人都會督促年輕人動作要快一點，不然沒有魚吃了。[1] 回到部落的魚獲，按慣例也以共做共享的方式平均分配給各家或一同享用。

45
魚藤

阿美語	sadim
噶瑪蘭語	sadim
撒奇萊雅語	sadim

[1] 訪港口部落耆老口述，2020。

46
金針

磯崎近年開始嘗試在高山部落區域種植
金針與其它經濟作物,並逐步建立生產
的機制。在過去傳統並沒有種植金針的
歷史,而是磯崎部落裡的許多人家在南
邊的土地上持續有耕種的活動,土地的
相鄰也促成了耕作之間的交流討論與嘗
試;為了生活,除了繼續種植一些生活
所需的蔬菜外,大家也試著種植不同的
作物,試種看看如今這塊土地還適合耕
作什麼!金針的生產,便是在陸續嘗試
下成功的案例,近年開始擴大金針的種
植區域,除此之外,未來印加果也是在
地所期待的另一生產線。

阿美語	無
噶瑪蘭語	無
撒奇萊雅語	無

47
落花生

阿公說,「我們以前花生有兩種用法:一
種是拿來吃。另一種是點燈用的。當時沒
有蠟燭、煤油燈時,會將花生殼曬乾後,
由蕊線串成一串點火燒作為照明用。吃的
方面因為沒有現在的沙拉油,所以會將花
生敲碎,裡面富含油脂可以炒菜、煮湯用,
可以說是我們最早的食用油了。」傳統的
豆子湯,包含碎花生、綠豆、紅豆、竹豆
一起煮成下飯的鹹豆湯。常常是部落裡眾
人一起工作時,不可或缺的菜色,例如一
起建茅草屋時,一定會煮豆子湯,能讓大
家吃飽又有氣力工作[1]。在港口花生種在土
中比種在岸邊的沙地好,因為沙子不易鎖
水,日照後溫度很容易上升太高,花生都
很難存活,所以還是選擇種在土中較佳。

港口的林投心花生湯,在過去每當颱風過
後沒什麼菜可吃食,阿公就會到海邊採林

阿美語	kodasing
噶瑪蘭語	puq
撒奇萊雅語	kalitang

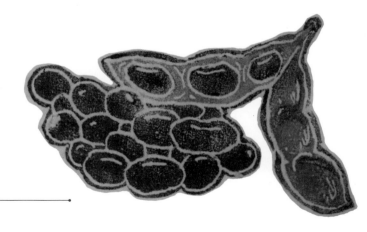

48
黑豆

阿美語	tawciw
噶瑪蘭語	無
撒奇萊雅語	lumeniay a kumuh

投嫩心回來，阿嬤便很有默契地開始煮水、將花生放入木柏中以石杵敲碎，再將處理好的林投心一併放入鍋中燉煮，直到花生軟爛，與林投心的清香十分相融。

追溯花生的種植生產約自清初被引至台灣南部，除了水田外，旱地多半種植甘蔗、甘藷、落花生為較大宗的產業[2]。光復後，花生種植已經相當普遍，和其他經濟作物同樣面臨產量的逐漸縮減，但仍舊維持穩定的生產步調，在豐濱地區如磯崎部落農民仍有零星少數種植販售與自用[3]。

在 Dipit 部落（復興）耆老的口述回憶，黑豆的種植生產，係因日治時期，日本總督府「農業台灣」的治台政策，進行許多經濟作物的廣泛栽植，包括引種、育種、栽培技術、加工製造方法等皆受到政府的重視。黑豆就是其中之一，阿公說，那時的黑豆品種就是日本黑豆，由外人帶進來的作物，黑豆當時與鳳梨、薑、香蕉為商人大量收購的農產。

大港口則有以原生種黑豆製作豆豉醬的傳統，大港口人皆以此自豪，阿嬤說，這只有大港口會做，大家都只能跟我們買。2018年大港口青年人藉著實作與訪談，還重新與耆老一起還原了製作的過程，包括原生黑豆的種植到豆豉製作完成的工作。[1]

[1] 港口訪談。
[2] 郭信厚，《台灣經濟作物圖鑑》(2019)，貓頭鷹出版。
[3] 磯崎訪談。

[1] 王力之《I Laeno' ay a mato' asay itiya' ay ho a demak—老人家，以前…大港口的故事》(2019)，花蓮：港口部落出版

49
水鹿

根據於復興部落的訪談，最後一次見到水鹿的蹤跡是民國五十年左右，那次是水鹿獨自下到山溝中找水喝。

花蓮豐濱鄉復興部落所坐落的區域，為豐濱地區的水源地。復興部落原為來自四面八方的不同族群共同組成。最初是因為遇上風災之後，四處水源缺乏，尋至此處山區水資源豐沛，讓人們從富源、光復、豐濱等處遷入。

當時復興部落後方的山區林間除了不竭的水源，還有平坦廣袤的草原，吸引大量的水鹿聚集於此。阿嬤描述童年時候，見到太魯閣族的獵人沿山稜追趕水鹿至此，驅趕其落入較大的土坑水窪中，再逐一割取水鹿角帶回。至於水鹿的肉則分享給當地復興部落的居民，通常鹿肉會煮湯食用，吃不完的就架在火堆上慢慢燻烤後以利長期保存，而水鹿皮則成為部落因為疼愛孩子而製作的坐墊或襯墊。

如今，鹿群覓食休憩在林野間的景象早已不復見，但對於部落的耆老與居民來說，這裡就是水鹿的故鄉。現在當我們要進入部落時，甚至還可以看到一座水鹿頭造型的雕塑在社區入口處巍巍而立，儼然是社區的精神象徵。

阿美語	malonem
噶瑪蘭語	siRemuq
撒奇萊雅語	ngabul

50
楝榔

台灣原生植物「楝榔」又名「桄榔」，學名「台灣海棗」，其圖像最早出現在清乾隆文獻《番社采風圖》，這幅捕鹿圖中，可見到作為點景植物楝榔的圖象。根據訪談與文獻資料顯示，楝榔早在清康熙年就有紀錄，當時台灣原民部落已使用楝榔葉製作雨衣及斗笠。除此之外，楝榔子、嫩葉、根、楝榔心、皮內粉可食，所以古時又被稱為「麵木」[1]。

文史記載綁紮楝榔掃帚，曾於清末、日治到民國五〇年代期間在台灣形成產業，因需求量大，西部野生楝榔幾乎被採盡，進而轉向台灣東部採集收購[2]。早期的復興部落採割楝榔葉交付外來收購商人亦有之[3]，如今已不復見。民國九十五年 (2006)，因環境的劇烈變遷，基於保留野外園生態，林務局於台東縣海瑞鄉設立「關山台灣海棗自然保護區」，作為最適宜在台灣生存的植物原生種，楝榔如今竟成為需要被保育的對象。

阿美語	kitakit
噶瑪蘭語	tangReb
撒奇萊雅語	adibel

[1] 何孟侯，〈從史料、地名與常民生活中談台灣的楝榔〉《台灣文獻》66：2(2015.06)，頁 201-247，中央研究院台灣史研究所。
[2] 同上註，頁 241。
[3] 復興訪談。

8/10　　4.5/01
16/12　　17/02
25/6
06/11　　19/01
04/11　　17/02
21/01　10/3
25/2　28/3
2/3　10/3

港口　　　　　　貓公　張月娥、吳梗雲、吳連益　復興
　　　　　　　　　　　　　　　吳素英、吳碧雲

- 林清進
- 16 DEC. 2019 penen 農民
　penen王節世
- ④ 04 Jan. 2020 ┐地圖訪談
- ⑤ 05 Jan. 2020 ┘去地務 林清進盤点
- 08 OCT 2019 雜貨店老闆娘(吳金英)
　　　　　(男不上)
- 17 Feb 2020 (訪暗登台林清進
- 2 05 Jun 2019 (需我拉拉) 已处理
　　　　　　　　　　　　　林清進
- 19 OCT 2019 (拉拉嗄我拉拉)
　家族史/黄阿味8/mon2020 拉拉 音時祥
- ③ 01 July 2019 (蕭金光 *我拉拉)
- 5 mar 2020 陳巴英 (月桃傳統
　　　　　　　　　　　使用)
- 18 Jan 2020 林清進
　　　生活植物应用
- 顏玉金、吳瑞珠 02 FER 2020
　　　　　刘星举礼仪式

- 阿嬷访谈
- 19 Jan 2020 (苧麻)
- 06 NOV 2019 西裝 送物記录
- 04 NOV 2019 (蘆竹)
- 17 Feb 2020 (绘本访谈)
　米无法听度911档，偃
　録 record one
- May 2020 苧麻製作

蔡桂美、吳美禛、吳香珠
蘇香英女

許文德、江文金、吳福昌、

- 王明源
- ② 21 Jan 2020 聲贡
　Dep北历史脈絡 / 慧芬
- 黃春玉、吳阿妹
voice 25 Fev 2020 (生命史
- 02 mar 2020 慧芬
　(村桛產業盤点)
- 28 mar 2020 陳文吉
　(实践纯)
- 陳文宸、林阿根
10 mar 2020 生命史

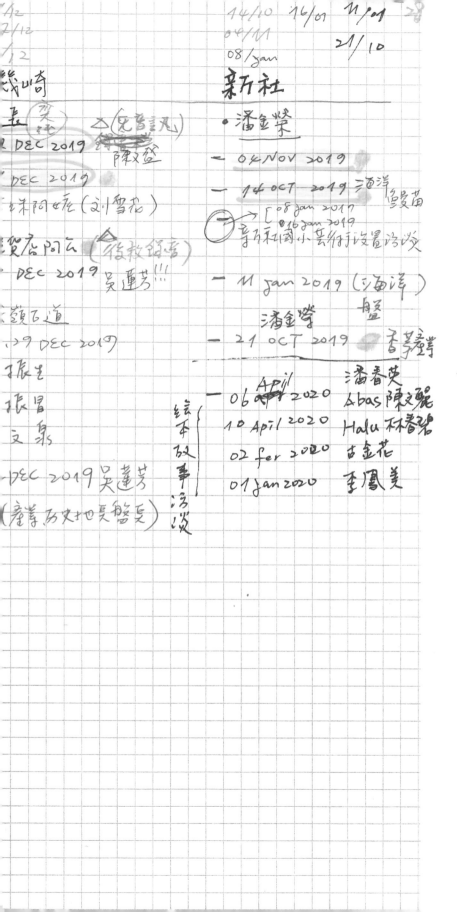

訪談期程：2019.07～2020.05
口訪次數：30則
材料項目：50種

01
港口部落

訪談主題：花蓮豐濱鄉港口部落地區傳統材料 Penen 之運用
訪談日期：2019/12/16
訪談地點：港口部落
阿美族語對話，以下簡稱（美）、訪談人簡稱（林）、王力之簡稱（力）、
拉拉龍女（兼翻譯）為本文、蔡影澂簡稱（蔡）。

00:15　阿公說 penen 沒有甚麼油質，他說箭竹才會有油脂。（蔡：箭竹是一支竹子燒還是很多支一起燒？）（林：一支一支這樣[手比捆狀]）（蔡：一支一支這樣，大概多粗的比較適合？）（林：很粗喔，跟那個我用的東西一樣，因為它可以做笛子）（蔡：做笛子，箭竹可以做笛子）（蔡：那 penen 的火把可以燒多久？一個晚上？）（林：看你要綁多大？用多長？）（蔡：一般豐年祭 Ilisin 會綁多大？）（林：這麼一點點而已，表示有就好了）（蔡：燒一個晚上？）（林：沒有就一下子，那個節目到了，場地走一圈）（蔡：結束，表示儀式來了，就走一走就好了）（林：對對對，不是整天這樣）

01:37　（蔡：以前的生活也是用這個用做火把。火把除了豐年祭，生活上拿火把做甚麼？）（林：就是說因為巴拉拉奈[音譯]是專門顧這個我們山上的田，有沒有）（蔡：這個階級，巴拉拉奈）（美）[Rara 跟阿公用阿美語對談，Rara 跟阿公說是米奧奧外這個階級，不是巴拉拉奈，最後確定米奧奧外]（蔡：米奧奧外顧山上的田）（林：顧山上的稻，因為豐年祭快要到了。這個稻穀先割好，以後通通割好以後，才有辦法做豐年祭）（蔡：要收成完）（美）就是整個部落全部收割完之後才能進行豐年祭，如果沒有的話，是還沒進行，是不能進行。（林：如果 Rara 的還沒有割好，或是其他家都沒有割好）（美）就是如果我們的都好了，可是你家的還沒，可是大家說差不多要豐年祭。你家的還沒好，全村的人會全部到你家幫忙（蔡：哦！讓你趕快好，大家可以豐年祭！）（林：大家高高興興！）（蔡：那個顧山上的田那個？）（林：那個顧山上的意思是這樣子 … 米奧奧外 …）（美）（林：山豬）（美）以前米奧奧外（音譯）上去山上就是巡去顧田裡，因為以前很多山豬，山豬會把田裡用得很亂，反正就是不像田，就是不能割稻。（蔡：牠是去玩？）（林：不能割稻啊）（美）去那邊吃（蔡：吃稻米？山豬吃稻米）（林：對，猴子也是）（蔡：猴子也吃稻米）（林：對）（美）我剛剛問阿公你們以前為甚麼不放陷阱，阿公哪來得及！意思說太多了（美）一隻豬一生小孩差不多十二十三個，所以說放陷阱會來不及。（美）所以有米奧奧外來看顧（蔡：所以米奧奧外這個階級就是住在山上）（林：對）（蔡：一直住山上，我們要送吃的給他們？）（美）不用送，他們會自己生活（力：他們住在山上的時間是稻米快結穗的時間才上去嗎？）（林：對）（美）就是稻子正要長米粒的時候，米奧奧外就開始去那邊（蔡：那大

概要住一個月？還是?)(林：差不多半個月要)(蔡：半個月)(美)
會互相換，不會只有他啦。

06:48 （力：如果家族裡沒有米奧奧外這個階級的人，所以他們米奧奧
外這個階級的人是守護全部部落的田嗎?)(美) 他不是說只有我
家有田才過去，他是全部米奧奧外過去，這是部落的一個段 (力：
過去之前，馬馬努嘎爸會講話或怎麼樣招集嗎?)(美)(林：馬
馬努嘎爸的安排，但是看你這個米奧奧外有多少人數)(美) 譬
如說山上不是只有一個，這邊也有，那邊也有。然後巴拉拉奈
負責在做他們的道路。為甚麼會有火把，就是因為他們互相換
位置，就是用火把在晚上那樣啊 (蔡：交接嗎?)(力：巡邏嗎?)
對對，巡邏。所以說巴拉拉奈的工作幫他們 (力：開路) 對，開
路。因為拉奈是路的意思。巴拉拉奈就是開路 (蔡：巴拉拉奈
就是開路的意思。是說他們晚上在 ...?)(力：田與田之間的路，
巡守路)(林：白天是沒有)(美)(母)(蔡：所以三更半夜還有火
把在那邊巡守) 對對，因為有些山豬會跑啊。(力：山豬晚上起
來，最愛了，晚上夜行)(林：晚上走路)(蔡：傳統的時候有山
豬，猴子比較少嗎?還是差不多?) (林：一樣一樣，差不多)(蔡：
所以除了山豬，猴子也跟現在一樣很多這樣子)(林：對對，很
壞，隨便吃，我們種的東西，隨便抓這樣。)(蔡：除了 ..?)(林：
除了山羊、山羌牠們不吃外。就這兩個，猴子跟豬)

10:04 （蔡：阿公那個 panen，它除了蓋房子和火把以外，在港口部
落還有用在甚麼地方嗎？吃?)(林：只有房子而已，第二個是 ...)
(力：捲蓆)(美)(蔡：達尬是甚麼?) 床，一般我們床的通鋪 (林：
法烙也可以做)(蔡：法烙是甚麼?) 法烙就是可以捲的 (蔡：捲
蓆)(美)(力：達尬是家裡面的床，通鋪的床，像磯崎老屋那樣)
(蔡：所以那個不是沙沙，沙沙是外面的)(林：沙沙是我們做的)
沙沙有多大，達尬是整片，看你家裡做有多寬的達尬 (蔡：你
家有多大就做多大)(林：對對對)(美)(蔡：那個達尬也會八十
年、六十年都不用換)(林：都不會壞掉，反正也不會淋到雨)(蔡：
所以一個家這樣蓋起來就不會壞)(林：不會不會)(美) 他們撿
penen 的時候，會去挑比較成熟比較老的拿回來，比較嫩的就
不要。(林：不要了，容易壞掉)(蔡：撿回來這些要先曬乾嗎?)
(林：不用曬乾)(蔡：不用曬乾直接編起來用，就會自己就乾?)

(林：立起來，它就會慢慢自然乾了)(力：是說處理好、立起來
綁在一起，然後乾了之後再編?)(美) 如果是在門面就要削漂亮，
在裡面就不用 (美)(蔡：法烙是甚麼?) 一樣也是用 penen，可
以捲起來。(力：捲蓆)(美) 那些都要削，因為直接接觸身體會
刺。(蔡：不然會刺到身體。)

14:27 { 喝酒歌 }(林：就是那個歌)(美) 因為法烙可以捲，可以直接
鋪在家裡外面，叫你的鄰居朋友來了喝酒 (蔡：所以剛剛那首
歌就是喝酒的時候唱的。阿公我還有一個問題，就是你說裡面
的 penen 跟外面的 penen 不一樣，可以說一下那個編法是怎
麼編的嗎?)(美) 阿公說是同樣的編法啊!(美) 一樣 (蔡：就兩
片牆壁，裡面跟外面)(美)(林：最簡單的做法就是法烙的作法)
(美) 就跟剛剛的編法一樣 (蔡：跟剛剛的屋頂編法是一樣的)
如果我用簡單的話，就是用像法烙那種編法 (美)(蔡：所以編
法就剛剛的屋頂編法，裡面跟外面都一樣，中間再夾茅草)(林：
對就這樣，一般就兩個編法。一種是法烙的編法，另外一種是
法烙的編法在外面，用竹子 夾起來，我就跟力之講 ... 幫你們
用，做一個給你們看)(力：好 !)(蔡：好 !)(林：有東西我就教你
們，在光復有伏樂)(蔡：伏樂是甚麼?) 竹子。(蔡：所以只能
用伏樂，不能用 penen?)(林：現在 penen 沒有了啦)(美)(林：
不用做那麼大的。做這麼大就可以了)(力：可以可以)(美)

18:19 （蔡：阿公，我另外問 penen，，我們在吃 penen 心的時候，除
了直接吃外我們部落還會拿來跟甚麼菜或肉一起吃?)(美) 很
多，豬肉雞肉 (林：更好吃) 更好吃 (蔡：加雞肉更好吃，怎麼做?)
炒?)(林：都可以)(蔡：都可以)(美) 煮湯炒都可以 (蔡：那有
沒有跟海鮮配的?跟魚或蝦或螃蟹?)(林：也可以，魚也可以，
烤飛魚的湯)(蔡：烤飛魚的湯配 penen) 煙燻的魚都可以。

19:35 （蔡：我再問一個問題，penen 除了蓋房子以外，我們有拿來
編成籃子嗎?)(美) 沒有 (蔡：沒有)(林：竹子有竹子，penen
有 penen)(蔡：竹子有竹子，penen 有 penen)(林：penen，
你這樣剝下來，然後你那樣編…) 他沒辦法那樣編，因為它沒有
彈性 (力：彈性)(林：那個竹子有彈性)(蔡：所以 penen 大概
就是蓋房子、吃、當火把)(林：還有做籬笆)(如果像我這邊，

這個菜園的話…你沒有圍)(美)以前每家每戶前面都會養雞，就會用 penen 做籬笆，把雞圍起來在裡面(蔡:大概多高?)(美)(林:大概雞不能飛到上面就好了。)(蔡:那很高!)(林:對阿!大概五六尺這樣。)插進去之後，這樣一直繞繞繞大概三層(蔡:三層)對，繞三層(美)做一個小門，人進去的地方(蔡:所以，可能這麼高哦?)(林:沒有，差不多像人一樣高)(美)(蔡:所以它圍起來也用藤?)(林:很簡單的做法就像剛才的作法)(蔡:很簡單就是那個剛剛做屋頂的作法。)

22:20　(蔡:如果現在沒有 penen 的話，我們的 Ilisin 的火把要找就很辛苦)(美)(林:自己想辦法)(美)(林:如果像去年沒有甚麼颱風，那個檜木在海邊很多，撿起來，用刀這樣削。如果你削得很好，這麼長，一片一片用那種也可以(蔡:在豐年祭也可以啊。)(林:很笨很笨，現在一看到 penen 也沒有像 penen，也沒有像那個草。這樣割、曬、綁一綁)現在就很笨，他們就隨便拿芒草這樣子，拿去曬。

23:33　(力:芒草怎麼講?)(美)達陌絲是芒草的一種(美)(林:達陌絲用在哪裡你知道嗎?可以蓋島如案)(美)(林:因為還沒有完成 panen 的達陌絲，這邊很多，很多達陌絲可以割)(蔡:當島如案的屋頂，芒草)它的葉片(美)(力:是當茅草用喔?)(美)恩。(力:那達陌絲也可以拿來做掃把對不對?)(林:也可以。)(美)(林:曬曬，當然可以綁起來拿來做掃把。跟山棕的葉子一樣。)(蔡:山棕)山棕(蔡:阿公你之前說 penen 除了這個山以外，部落除了這裡，還有去哪裡拿比較多?)(林:這邊後面的山)(蔡:後面的山)(林:整個山都有)(力:為甚麼現在都沒有了?)(美)(林:因為以前放牛)(美)(林:很不容易長)(蔡:叮叮?)就是它的花(林:以前到處都有)(蔡:以前到處都有，所以以前樹比較少，都是 penen)(美)(林:牧場，上面)(美)因為以前很多牛，山上遍處都是牛到處走，樹木不會長起，叮叮到處這樣。(力:樹變少了，penen 就長起來)現在都沒有牛，都樹起來，都非常大，都沒有太陽，就長不起來(林:以前沒有瓦斯，就是用木頭燒)(美)(蔡:以前沒有瓦斯，所以大家都會去山上砍木頭來燒，現在沒有用了，所以樹就長起來)(力:所以 penen 生長需要太陽喔?)(美)樹太密集，他就沒辦法長出來(美)(蔡:

精神山也是有嗎?)(林:有，以前到處就有，過去台灣經濟沒那麼好，那當然我們都是用 penen，因為那時 penen 到處都有)(蔡:刺竹是那時候比較難拿到，所以才用 penen?)(林:penen 比較多)(蔡:如果家裡有能力會用刺竹嗎?)(林:對對，我們港口很方便，penen 比較多。玉里、瑞穗那面比較少)(美)因為山的地形不同(美)(力:penen 適合甚麼地形?)(美)(林:豐濱、磯崎都是，光復那一帶一直到奇美過去)(美)瑞穗那邊，他們是長 kintol(蔡:kintol 是一種小竹子) kintol 的小竹筍很好吃。[討論 kintol 的發音 ...]

32:43　(力:我想問米奧奧外從山上走下來以前的路線怎麼走?)(美)以前的路線有在那邊、有的在這邊，他們自己說好可能在上面一起集合進場(蔡:同時不同地點出發，但是會在一個地方集合一起下來)(力:以前沒有手機，怎麼辦?怎麼同時說好)吼啊(蔡:叫一下)(美)[稍微講一下文化斷層，開玩笑說一下電子火把]

34:45　(力:下次做火把給我們看。我帶你去採，我們來做火把)(美)(力:拉格烙)(蔡:拉格烙是火把)(美)因為以前去夜抓需要拉格烙，一定要有火把，所以叫拉格烙(美)(林:後來都用燭燈??? 以前我們用甚麼東西?給你們看，很寶貴的喔)(蔡:很寶貴的喔!)[阿公拿了東西出來](蔡:這個，裡面放煤油嗎?)(林:對啊)(美)(力:油燈)油燈(美)(蔡:中間這根是甚麼做的?)(林:鐵絲啊!)(蔡:鐵絲?鐵片?)(林:沒有啦，是那個十二番)(美)甚麼十二番?(林:那個號碼)那個瓶子是豆腐乳的瓶子，隨便的瓶子(美)(林:操油)(蔡:操油?)(力:甚麼是操油?)(美)(力:煤油?)([此處誤會是用煤油，正確的是使用柴油，41:45 有談到是柴油不是煤油](美)(林:以前有賣鯊魚的油)(蔡:鯊魚油!)(力:好浪費喔)(林:這個不是阿)(蔡:以前是用鯊魚油)(林:以前是用那種的)(蔡:鯊魚是自己釣上來以後?)(林:有人賣)(蔡:有人賣鯊魚?船過來賣鯊魚油)(林:對)

39:10　(林:這個還沒來之前，用甚麼東西你知道嗎?)(美)阿公說現在還有長，那種叫嘎到挖哎(蔡:嘎到挖哎)他果實把它敲碎之後，像花生米粒這麼大曬乾(林:全乾喔)這樣串串當火把(力:在哪裡找得到?)(美)(林:大港口)(力:大港口)(蔡:甚麼顏色)

（林：紅色，白色的也有）（蔡：紅色、白色）（美）它的葉片很開，比較大，阿公說有看到（美）好，如果阿公找到會跟我們講（美）（林：這個時候開始長，大概六月份結果）（力：阿公幫我這個，做一個放在藝術中心）（蔡：應該說阿公教我做一個）

41:45 以前家用的電燈也是用這個（美）用鯊魚油（美）（林：柴油）柴油（蔡：柴油，不是煤油）有了柴油之後，鯊魚油就沒有再去買了（林：我小時候就看到老人家這樣用，他用很簡單的方式，他用一個罐頭，這麼高（美）留一個空，從那邊加油）（美）[Rara 拿塑膠杯示範，講了兩次] 假裝這是罐頭，圓的哦。把布條放進去這裡，把油放進去，把這兩邊壓扁。布條就從這邊出來，點火，隨時慢慢燒火，隨時就從旁邊加油（蔡：所以阿公小時候，從生出來就在用鯊魚油）（林：就有那種）

43:54 （力：以前在海上抓魚的燈？抓魚的燈？）（美）（力：浮球燈）（林：不是，那個老人家是用桶子（蔡：桶子）（林：那個用收的那個，嘎斯）（美）嘎斯？（林：嘎斯，一粒一粒這樣，水加起來慢慢就....）（美）（林：很亮，看到就跑）（蔡：我不懂？）我只知道點著火，他非常亮。魚害怕就跳上船上（林：跳到船上）應該是被火吸引吧（蔡：是用嘎斯）（力：趨光性）（蔡：嘎斯，放在桶子裡）（林：桶子這麼大，大概三十斤到五十斤左右）（美）（力：是甚麼桶？）（林：他們買的阿，那個桶子不是一般的桶，不然很容易爆炸）（蔡：所以是那個桶子飛到天上？）（力：沒有啦）（林：沒有啦，就在船上）（蔡：甚麼東西飛出？這麼亮？）是火非常亮（美）（林：兩邊都有，就是三支。我去看到只有兩個，跟那個嘎斯...）（蔡：瓦斯槍？）（美）（力：噴燈？）（美）他說嘎斯不是有線管，線管裡面有線，有兩個插的線。... 應該跟蠟燭一樣的意思吧（蔡：那個是鐵的嗎？鐵絲嗎？）[阿公拿????說明]（美）（蔡：嘎斯就沿著管子）（林：沿著地方放在船上。）（蔡：這是甚麼做的？）（林：很不容易燒掉的，它叫做銅）（蔡：就像仙女棒那種感覺）（林：銅）（蔡：應該是合金，鋅、鉛、銅合金）（林：裡面還要裝甚麼...）（美）他說這樣子。譬如這一個碗，那個線兩條，一點點，不要有縫隙，不然嘎斯就整個散掉。所以那個碗是在這裡蓋起來，這邊有小小的洞就是引這兩條線出來，就點火，這樣嘎斯就不會漏出來（蔡：這樣就會很亮很亮）（林：很亮）（蔡：那現在應該沒有

看過了，沒有了）（林：現在沒有了）（蔡：如果現在要做，做得起來嗎？）（林：我們不是專門的）（力：好）（蔡：今天就到這裡）###

02
新社部落

訪談主題：花蓮豐濱鄉新社部落地區海洋傳統材料及海洋產業
訪談日期：2019 年 10 月 14 日
訪談地點：新社部落
噶瑪蘭語對話以下簡稱（噶）、訪談人簡稱（潘）、王力之簡稱（力）、
玉妃小姐部分為本文、蔡影澂簡稱（蔡）。

01:36 （潘：我以前年輕時唱歌，是作為新社歌唱的帶動者），老師是我
　　　們的領唱，我們噶瑪蘭所有的歌（蔡：包括流行歌?），我們的
　　　歌許多都是老師就現有的曲、或阿美的曲調進行編曲、改詞，
　　　我們現在豐年祭的歌曲都是老師寫的。

02:43 老師，我們這邊以前有種香茅、還有抓鰻苗。（噶）（王：四目魚苗）
　　　（噶）

05:47 ..... 以前有人在養魚苗，一個叫拔納斯的阿公在養

06:13 之前有人看到魚苗，抓回去養，當魚長大後發現是虱目魚。（噶）

07:02 說海邊的四目魚不會很大。（噶）

07:59 （潘：好像一毛錢、兩毛錢、五毛錢）一角嗎?（噶）

09:09 所以那時候有賣魚苗?（潘：對!）（噶）

10:40 （潘:.... 一百條一條一塊算價錢很好）當時如果沒有台南人來收
　　　購時，還有其他人收購嗎?（噶）

14:59 以前部落有位長輩，從未知的小魚苗開始養，等魚長大後看起
　　　來就和四目魚很相似，他們就知道這是四目魚。因此開始認識
　　　這種小魚苗是四目魚的魚苗。之後，台南來了收購的商人詢問
　　　此處是否有四目魚苗，自此開始了補魚苗賣魚苗的產業。時間
　　　約在每年的三、四月，和飛魚季差不多時間。因為有了賣魚苗
　　　的生意，他們開始製作更細的網，專門用來部魚苗用的網。（潘：
　　　那時只有新社村這麼做，因為當時新社村的人會講台語，在港
　　　口那邊的人並不會講台語，當台南商人打聽魚苗時也只有新社
　　　人聽懂。）

16:50 那網子如何製作呢?（王：三角網!）（潘：捕鰻苗的網不太一樣，
　　　很大!）是三角狀的嗎?兩根竹子這樣?（潘：對!）那麼當時的網
　　　子用什麼做呢?（潘：白網）那時就已經有白網?（噶）很像蚊帳!
　　　以前就有這種網材了?（潘：有的，那時新社的網是由台南帶過
　　　來一綑綑賣給新社人的，而且有人教如何剪裁製作，之後大家
　　　就自己做了）

18:00 那時大概是在民國幾年呢?（潘：大概我八歲的時候）

18:22 1941 年出生，約 1949 年的時候。

18:39 (蔡：阿公說三角網下方有一個接魚的桶子，是用何種材料製作?)
（潘：用竹子做的！慢慢地撥、一個個打洞，魚苗從三角網倒進來時，水會漏掉留下魚苗)

19:13 老師可以再說一次嗎?（噶)

20:21 …. 洞打得比魚苗小，那是使用何種竹子?（噶) 桂竹!（噶)（潘：有退潮！有漲潮 …)

20:58 幾個年輕人會帶著網子在漲潮時游往海面上去，當漲潮的浪打上來時，那時是魚苗最多的時候。所他們都是游泳過去抓魚苗。（噶) 就在那附近。（潘：後來越來越多人抓) 所以那時新社賺很多錢。（潘：是有機會賺一點點的錢啦!)

21:58 老師，那個長長的竹子是用什麼竹?（三角網的大結構)（噶)，刺竹!（噶)

22:23 三角網其實前端是有些彎曲的，（潘：因為有些微彎，游在海中向前推動網子時，網子就不會浮起來) 網子如果是平的話，就會浮在海面上，不會在水面下。他們是游泳過去的。

23:12 (蔡：游泳是背著網子過去嗎?)（潘：揹著游泳圈過去) 那時就有游泳圈嗎?（潘：有啦！沒有游泳圈你要如何將網子往上抬？那時沒有蛙鞋ㄟ) 那時游泳圈是車子的輪胎嗎?（潘：對！用那種報廢的輪胎將之補一補就可以使用)

24:07 如果三角網前面的弧度太彎，網子會吃水太深也就會很難推，角度必須剛剛好彎，網子就會和浪成齊平狀，就會比較好推。彎度太淺也不行，網子在推時就會浮起來。

24:30 (潘：魚苗不是在水深處，在水面。你快速網撈抬起它也不會因此而死掉)###

- 訪談第二段錄音 -

01:24 因此開始有人 (部落的人) 收購了，就帶到台南去賣。（噶)

01:40 阿公結婚之後就沒有再抓鰻苗了。

01:44 老師，您會算鰻苗嗎?（噶) 您會唱嗎?
（老師唱苗一小段)

- 訪談第三段錄音 -

02:02 …. 太魯閣族有黥面。（噶)（王：泰雅族也有黥面)

02:40 老師說，太魯閣有分，有一個部系只有單條線。（噶)…… 另外一個神話故事，小米跟白米打鬥的故事，就是法師之間的角力，所以老師說這是噶瑪蘭不種小米的原因。（噶) 但在蘭陽平原仍然有種 …….（噶)。

05:23 老師說，當時開始可以捕鰻苗時，他就開始捕魚苗了。那段時間新社村的長輩白天幾乎都在海邊抓魚苗，不分漲退潮的補抓。幾乎就是大家的生活重心。（蔡：是說他從小就經歷這種過程嗎？還是 …) 他說大概他八歲的時候就開始了這件事。（潘：我抓魚苗沒有幾年啦！大概五、六年)（蔡：十幾歲的時候都在抓魚苗)（潘：對！我 19 歲就結婚啦!20 歲去當兵，就沒有再繼續做了，當兵回來就又去流浪)（蔡：流浪?)（潘：到台北流浪) 後來新社就沒有再做鰻苗了，我爸爸沒有收鰻苗就沒有了?（潘：對！沒有了。) 大概我國中的時候就沒有了。因為我每天都在數鰻苗啊！每天都要去苗池看水的狀態，要適度地加入海水和淡水。若要收魚苗時，我們還要用像蚊帳的布幫忙撈苗。

07:05 (蔡：養在魚苗池的鰻苗會不會有時限性？例如養在裡面要多久?) 我不知道！我只知道當時豐濱某某某的爸爸會來我們家收。所以我們的魚苗都不會放太久。（力：某某某的爸爸還在嗎?) 不知道!

07:43 (力：想問阿公，一年一月到十二月，新社逐月不同季節所抓的魚類各為什麼？同時對照種植的東西來說。) 老師，我們一月已

經種田了吧？還有做什麼事嗎？我們一到三月插秧，(潘：過年後差不多插秧，二月插完苗，這是第一期稻作)。11、12月開始整地(潘：二期結束，我們馬上就開始耕田了，這些都需要一到兩個月人工插秧，不像現在機器快速的插)。我們現在從七、八月開始，我們七月開始割稻，八月到九月整地，您何時泡稻穀？(潘：大概都十二月，大概一周就可以取出了)然後放入田裡？(潘：對！泡在河裡很快就發芽了，就是我們要用的秧苗)

09:55 灑完秧苗(泡水)差不多就是十二月了，所以準備插秧大概就是一月囉？(潘：對！半個月秧苗就很高了，所以在泡穀時，我們就開始耕田了。配合秧苗的狀況...)配合苗的狀況去進行濕打，我們有分乾濕打，您說七、八月時應該是乾打，把土翻過來。十二月則是加水濕打，後續就插秧了。

10:52 所以一到二月就是插秧。那三月到五月就是除草？(潘：對！除草。然後去抓魚啊！男生去抓 魚，女生在家裡除草)。抓魚，曬魚乾嗎？(潘：曬魚乾啊)(力：抓什麼魚？)

11:20 抓很多種魚吧？(潘：那時，在外海你放什麼網抓到什麼魚就吃啊！什麼魚都抓！(潘：可以做魚乾的魚，只有飛魚比較好！)為何只有飛魚？其他的魚(玉妃數了其他兩種魚的名子)都不行嗎？(潘：那可以做醃的！)(力：炸彈魚可以嗎？)(潘：有！有的會做！鬼頭刀可以做 ''喜烙'')(力：''阿那杜'')(潘：就是炸彈魚！可以做乾的)(噶)噶瑪蘭是用飛魚來醃。(噶)噶瑪蘭是只有醃飛魚的內臟和卵，你們(指港口)是用炸彈魚？(力：我們都有！)

12:48 我們噶瑪蘭是只有用飛魚比較多。(潘：噶瑪蘭以前在南邊那一帶也抓炸彈魚，新社過來這一代是抓飛魚)所以這邊是飛魚比較多。所以是看這邊抓到什麼魚而醃製？(力：為什麼飛魚會比較多？跟水流有關嗎？還是跟地形？(潘：炸彈魚位在海中較深的地方，而飛魚是跟著水流，不會在太深的地方，在岸邊也都有，外海也都是！炸彈魚不是隨便可以補到的魚....味道也是蠻香的，跟飛魚的香不同！以前阿美族不知道也不會曬飛魚乾.......我也有親人在港口，他們來看到飛魚乾並不知道如何製作...)跟著洋流一起。

15:14 是因為我們這邊炸彈魚比較少，其他種類的魚比較多？(噶)(潘：有時為捕炸彈魚，一整天都找不到！)(噶)因為炸彈魚當時可以做為魚餌用！(噶)漁夫希望用炸彈魚作為魚餌，因為必較腥。但我們這邊就比較少。(蔡：當時有外人收購飛魚乾嗎？)你是說甚麼時期？(蔡：就在您父親經營的時期)(噶)沒有！沒有人在收飛魚！(噶)重點來了，噶瑪蘭人對物質的要求一直都是夠了夠用就好！吃多少抓多少！沒有想要拿去賣！(噶)

16:53 因為他們自己在醃的時候，親朋好友來就分享給大家或是農耕互相幫忙的換工過程，就會提供出來共享、分享給部落的長輩。除此之外，就是吃多少取多少了。(潘：最近才有人將飛魚乾拿去賣。訂購一箱、兩箱...一公斤八十)約在民國九十年的時候，我母親去參加原民烹飪比賽，她的菜單之一就是烤飛魚，那時烤飛魚很簡單，類似像一夜干的概念去比賽，眾人就很驚訝可以有這種吃法。因為不易保存，之前較無人想要販賣，尤其又硬又要曬很乾。之後，我母親就開始在店裡賣，慢慢地大家也就開始認同並喜歡起飛魚乾了，現在也就逐漸起來了(許多人開始賣飛魚乾)。(蔡：所以它就像是新興產業)對！應該要說從八十幾年我媽比賽那時，我不太確定時間，因為颱風讓我們損失了很多母親的東西，但那時的獎盃還在。所以是在我媽那時開始，不然其實沒什麼人賣飛魚(力：我也有聽說，其實之前飛魚沒什麼人要)對！刺又多，又沒有太多肉！唯一的好是，它的腸子可以醃 ''阿那杜'' 或 ''席烙''，大家農忙或親朋好友來可以加菜。

19:46 (噶)老師說，還有飛魚卵香腸。(噶)(力：請問阿公，記憶中三到五月曾經抓過哪些種類魚？)

20:43 (噶)很多！(潘：去年我的兒子，抓了黑鮪魚，很不容易抓到的，它也抓到了！)還有旗魚、鬼頭刀、黃旗魚，幾乎什麼都有！只要你想到的幾乎都有(力：芭蕉旗魚？)(潘：但量都不會很多)大概都是一點點。(噶)(力：用何種方法抓)都是用漁網抓。(力：三層網？)(噶)(力：因為飛魚網和其他種類的魚網不同)(潘：是沒錯！但魚網很軟，魚進去就被包下來了不容易破)(力：所以就是飛魚網)他說的是飛魚網。(潘：我以前的漁網可以抓七、

八條的鬼頭刀）（蔡：以前製作魚網的材料是什麼?）（噶）（潘：現在都用買的，以前自己刮、自己勾）

23:25 那時以甚麼材料製作漁網?（潘：苧麻，皮要先剝掉，刮除表皮，曬乾、分線、接線。）這是以多少條線捻在一起?（噶）（力：木頭的嗎?是說製線機具本身）（噶）

24:34 是木頭的嗎?（潘：竹子也可以!上方有個東西）（力：是紡輪）（噶）

25:31 勾毛線的那種，尖尖的、中間還可以放線的工具（噶）（力：梭子!竹子做的吧?）對!（噶）

26:35 （潘：破掉的話，我還自己補!）（噶）

27:44 （力：鉤完漁網還會用薯榔染色?）（噶）有!真的有這麼做!（潘：它就黃黃的）（噶）那個植物也叫達樵可（噶瑪蘭音譯）?對!就是薯榔!（力：山豬很愛吃）（噶）以前山豬不吃，現在的山豬吃。以前可吃的東西較多。（潘：以前豬還吃香蕉、竹筍，不好!很壞!破壞農作物!）

29:09 （噶）以前山豬下山就被吃掉了。（潘：以前山豬很少下山來，都是裝陷阱捕抓，豬很聰明聞到陷阱就跑掉了，以前會和牛一起走路）

29:57 （力：所以以前的薯榔是採來洗一洗，然後削皮、將魚網放進搓?）（噶）還需要煮。這樣比較快。煮完放涼後就把漁網放進去染（噶）之後隨便沖一下就曬起來。一樣是泡冷水，染上去的顏色就不會消退。另外，需要泡多久?（噶）一個晚上即可。拿起來水洗一洗、曬一曬，就可以用了。（噶）很容易褪色。

32:45 除了可染色之外，還可以讓他較為堅韌耐用、不容易破損。###

03
復興部落

訪談主題：：部落的生命歷程與生活史
訪談日期：2020/02/25
地點：：復興部落
阿美語對話，以下簡稱（美）、訪談人 A 簡稱（黃）、訪談人 B 簡稱（吳）、蔡影潋簡稱（蔡）、陸奕純簡稱（陸）、劉伊倫簡稱（劉）、小花簡稱（花）、俞凱倫簡稱（凱）、黃淑貞（兼翻譯）為本文。

- 第一段錄音 -

（劉：他們是這一支的還是這一支？）這一支的（劉：不是，我是說他這個山還是從新社上來？）（美）（黃：八里灣）（花：八里灣那裏）（黃：豐濱出來）（花：還有另一條？）（劉：還有下面這一條）那時候這邊還沒有開路，所以後來這個開路（花：這是後面開的）才發現從這邊會更快（花：會更快）所以他說他們就是走八里灣那一條，從上面沿著路..溪下來的（花＆劉：溪）（花：那一條聽起來很遠）對，那一條比較遠，後來發現說好像從這邊比較近，所以他們才開路。（劉：沒有吧，第一批人不是都從這邊翻？）（花：沒有，第一批人是從八里灣）（美）（劉：可是他不是說..林政利阿公上次意思不是說從這邊來新社到...之後他們就回去然後就從這邊翻過來（美）有啦，他講說因為獵人都會翻這個山，有的比較懶惰的可能從這邊（花：走這邊）比較近，捷徑。（劉：後來才有正式的路開這樣）對，可能把他砍才有真正的路。（花：阿公還記得那個路嗎？）（美）他說還知道..（劉：放他回去找）因為腳的關係。對阿，像以前走半天的，他們兩個小時一個小時就到了。（花：很快）因為他們都用（花：跑的）跑的，因為他們也覺得快快地走會更快（花：更快，快一點到）對阿（花：還要搬家裡的東西）對阿（美）

- 第二段錄音 -

14:30（蔡：阿公當兵前，是種田嗎？）種田種地瓜或是種甚麼那時候（美）種..黃藤（蔡：黃藤）（黃：藤心）是哦，藤心（蔡：藤心）（凱：阿公甚麼時害開始種黃藤？一來的時候就開始種？）（黃：回來就種，一邊種田一邊種那個）對對對（蔡：你說當兵回來開始種）恩（蔡：當兵之前只有種田？）因為有種地瓜，養豬...（美）那時候都有養豬（蔡：都是自己吃？沒有在賣？）沒有，是賣的（蔡：養豬是賣的）我們都捨不得吃，像養雞我們都捨不得吃，都是賣給..外面（蔡：都是賣給..? 翻過山嗎？）（美）豐濱就有（蔡：豐濱）對，因為以前都沒有甚麼（劉：交通工具）也都沒有東西吃，自己種的也都吃膩了，像我自己都不愛吃地瓜（劉：那個年代是自己走路去豐濱？）（美）（黃：四個人..抬）用抬（花：很重）那時候也沒有甚麼車子（蔡：是先把豬殺來再扛過，還是先

把豬活的帶過去?) 活的，都是活的 (蔡 : 然後綁住)(劉 : 那一路上很吵 ...)(黃 : 綁起來) 嘴巴綁起來 (凱 : 嘴巴綁起來)(劉 : 問了個笨問題) 因為我們都沒有吃肉，明明都有養豬養雞，都沒有吃 ..(蔡 : 可以賣錢) 我們一直在等待期待那個要吃了 (蔡 : 是去賣錢還是交換東西回來 ?) 都是賣 (美) 沒有交換 (蔡 : 都是賣錢) 都是賣

16:39 (花 : 為甚麼那時候開始種黃藤 ? 為甚麼 ?)(美)(黃 : 可以種香茅) 香茅 (花 : 香茅) 香茅，那時候很盛行。那時候民國幾年 .. 四十七差不多 (凱 : 四十七 ?) 沒有，四七之後應該再一兩年 (美)(蔡 : 五十幾)(美) 因為我出生之後已經有香茅，都是我們在，應該我出生五六歲就在弄香茅 (美) 幾年 .. 有十年嗎 ?(黃 : 做十年) 十年 (黃 : 那個香茅油很貴 .. 一斤一百五)(蔡 : 那時候還賣豬嗎 ?) 那時候也沒有管豬 (黃 : 沒有)(蔡 : 沒有管了) 因為那個比較賺 (美)(凱 : 所以香茅的年分確切是幾年到幾年 ?)(美) 如果是以四七的話，有沒有五十年 .. 幾年 .. 退伍 (美) 有沒有三四年，差不多 (黃 : 差不多) 大概也是五十一 (凱 : 五十一) 五十一，我算我自己年紀來算的話，那時候最盛行的時候，他們大概也是五十跟五十一開始種，種喔，不是收成 (劉 : 然後盛行了十年嗎 ?) 對對對 (劉 : 所以大概五十到六十) 到六十 .. 對對對。我知道說我那時候還在很小，我們常常去割香茅。然後因為香茅是用蒸的，蒸餾的 (凱 : 蒸餾) 我們都要上去去壓壓壓，然後冬天的時候，就會在那邊很溫暖，裡面。我們要去壓 (劉 : 汁壓出來) 對，是有一個 .. 很大的木桶 .. 酒 (黃 : 蒸 .. 木桶)(凱 : 超大的甕) 很想酒的，但是他是很大的是木頭做的 (凱 : 木頭做的) 他們香茅是一直要很 .. 要排的很緊齊 (凱 : 不要有空隙) 不可以有空隙，對 (劉 : 可是這麼大的桶子要怎麼排 ?) 對阿，用小朋友五六個在裡面壓壓壓，也就是在玩耍。工作玩耍這樣

19:43 (蔡 : 這個桶子在部落裡有幾個 ?) 三個，那時候有三家 (蔡 : 大概位置在 ?) 也是在我們上面 (蔡 : 梯田那邊) 梯田的過去，也就是那三家。(劉 : 都還記得那個畫面) 我都還記得，我有在裡面 (劉 : 壓壓壓)(花 : 還有完那個流籠) 因為我有參與那個過程，所以我知道 (蔡 : 那三家是他們，那個桶子是他家的 ?) 自己的獨立的 (蔡 : 他們自己的，那我自己種沒有桶子的要付錢給他請

他幫我們蒸餾嗎 ?) 是 (蔡 : 是喔) 對，但是那邊都是那邊的人，那如果是這邊的他們也有這邊的 (蔡 : 這邊 ?) 就是我們那邊是黃家、林家，還有一個陳家的。他們那邊的香茅也都是種在上面，那如果是另外的李家 (美) 他們的很少，所以 ... 它們很多，我們都是用流籠 (蔡 : 流籠) 對對，用流籠，不能用那個。(花 : 太重) 那個都很大很大，沒辦法用人工，都是用流籠去。(劉 : 載下來) 對對，很快阿。(蔡 : 那部落有人可以專門做蒸餾的系統的東西的人嗎 ?) 我們自己 (美) 請的 (蔡 : 請人來做 ?) 對對對 (蔡 : 那人是附近部落的嗎 ?) 外面 (蔡 : 外面的) 外面請的，因為一次三家 (蔡 : 一次三家) 對阿，我們就是同時在一起 ... 一次三家也夠成本

21:36 (劉 : 最一開始怎麼知道香茅很賺錢 ?)(美)(黃 : 從台東過來的) 從台東那邊有 (蔡 : 台東) 因為 .. 真耶穌教會 (劉 : 教會的訊息)(花 : 所以黃藤也是 ?) 像我們都是跟教會連絡，有所以 ... 傳過來說那個不錯，就大家一起種。那時候也是 (美) 邊種稻也邊 ...(美)(蔡 : 一邊種稻一邊種香茅) 因為香茅的季節也是有，不知道幾月分 (美) 夏天 (蔡 : 夏天收成) 夏天收成 (蔡 : 秋冬蒸餾)... 夏天收成馬上去蒸餾 (蔡 : 那不是很熱很熱就是)(美) 他說很快乾 (劉 : 可是你們在那邊踩踩踩，會不會中暑 ?) 會阿，可是小朋友都是好玩，我們都不覺得 (劉 : 都比上學好玩就好) 對對，放牛還是放牛好 (蔡 : 阿公記得那時候香茅很貴，一台斤 .. 怎麼算那個錢 ?)(劉 & 花 : 一斤一百五)(凱 : 一斤一百五，剛才有講)(蔡 : 一斤一百五) 那時候很有錢 (劉 : 以前一百五 ... 哇) 對阿 (黃 : 後來有人狡怪) 狡怪，就用那個 (凱 : 山寨貨) 對對對用水 (黃 : 用那個沙拉油)(花 : 沙拉油)(黃 :... 一起出來數量很多，發現狡怪不要買)(蔡 : 是部落裡的人嗎 ?) 我們這邊沒有，是買的人聽到說有這樣的事情，我們就被 .. 我們這邊沒有，他聽到這樣子就不想去收了 (蔡 : 就不收了) 那時候就慢慢就沒落了 (黃 : 沒有了) 後來就沒有了，很可惜

24:18 (黃 : 沒有怎麼辦，生活會怎麼辦，開始去台北做木工) 喔，那時候也開始木工。(花 : 年代) 對對對 (黃 : 我也做木工) 差不多連接話，也是六十五到七十開始。(黃 : 五十年到 ...)(美) 台北 .. 五十年這樣子 (蔡 : 五十年去台北) 也是剛開始 (美)(黃 :

民國五十年）（美）香茅 .. 五十年 ..（美）那不對喔（花：時間怪怪的）如果是五十年的話，你說十年的話 ... 六十年（美）是不是六十年，想想。（美）差不多，六十年去（蔡：台北）做木工，他們也是因為如果還沒有採收香茅的時候，它們就去台北工作做木工，所以也是那個時候，差不六十到七十。（蔡：就家家戶戶的男生都 ..）像我爸爸也是，他們這邊沒有種田的時候，他說跟我爸一起去台北。（蔡：木工是指裝潢的木工？）沒有，蓋房子（蔡：蓋房子，板模）對對，板模的。（黃：我們去台北的時候 ...）（蔡：台北是很甚麼？）沒有柏油路，台北的時候，去的那時候（蔡：去的很難走不好走）對，那時候是做公車還是坐船還是 ...?（黃：公車 ..）做公路局（蔡：坐公車可以到？）（劉：以前阿）也是走蘇花（黃：蘇花高）蘇花是嗎？蘇花（劉：蘇花改）（黃：花蓮到蘇澳 ...）（蔡：北迴吧）（劉：公車公車）坐公車（黃：蘇澳，到台北坐火車）喔 .. 蘇澳（劉：那時候有火車）蘇澳就有火車。以前我記得都從梨山，這邊花蓮到梨山（蔡：喔！走另外一邊）對對對（劉：沒有，搭到梨山是要去梨山工作才去梨山）我記得我在那邊下車，因為我們是坐車 ...（蔡：因為有人會去那邊採水果，有一票人會去那裡採水果）我去台北也是到梨山（劉：到梨山？）對阿，怎麼會到那裏？（劉：坐錯公車）（花：發現結果是坐錯班次）對阿，到宜蘭就坐火車（美）[28:32~29:17 阿嬤回來，中途插敘一下]

- 第三段錄音 -

29:17（蔡：剛才說真耶穌是甚麼時候進部落的?）喔，對吼（美）（黃：民國三十九年）（蔡：三十九年，所以阿公在那個之前我們部落有釀酒嗎?）有啦（黃：有啦）（蔡：有）他的媽媽就是釀酒達人從他開始（蔡：不是只有接生還會釀酒）（美）（黃：蒸）蒸餾的（蔡：蒸餾的）蒸餾的跟酒釀都會，我知道的是這樣（劉：那真耶穌教進來，他媽媽怎麼辦?）沒有，那時候真耶穌還沒有時候，我們都是喝酒（黃：都是喝酒）（劉：對阿）喝酒，後來才三十九年。（花：才進入）（劉：三十八到 Dipit，三十九也才一年的時間）因為他之前在（花：在富源）在富源的時候就有做（劉：OK）所以把他帶過來（劉：教會來了之後，他媽媽還會釀嗎?）會阿，其實到最後也是一直在釀，只是說不能喝多。（劉：喔）真耶穌

教是可以喝（花：不要喝多）不要喝得傻瓜傻瓜那樣（凱：不要喝ㄎㄧㄤ）喝得亂七八糟（花：那阿公還記得怎麼釀嗎?）阿公會不會?）（美）（吳：... 他的媽媽才知道）（蔡：只有他媽媽會）我媽媽後來他也教我，蒸餾。（美）阿嬤也會，現在忘記。（凱：臥虎藏龍）（美）喝他最會（吳：喝，簡單）....（蔡：阿公在那之前，是整個部落大家都會釀酒嗎?復興這邊）（美）（劉：每個媽媽這樣）（美）只有他的媽媽，他是達人（蔡：所以每個人都喝你媽媽釀的酒）（美）都一起來一起喝 ......

40:10（蔡：那阿公你在台北工作多久才又回到這邊?）.. 這樣子算好了，因為阿公他們來來去去，他們種田就回來，好了就回去。它們這樣來來回回，要問他甚麼時候退休（蔡：甚麼時候）回來就沒有到台北這樣 .. 如過是這樣（黃：大概是七十五年）（蔡：七十五）七十五年回來，我們這邊蓋就教會（蔡：阿公蓋那個教會?）我們就一起，這個部落的人一起（蔡：因為大家都會在 ..）我們真耶穌教（劉：民國七十五才蓋嗎?）這是後來的（吳：六十一年，阿公）（蔡：六十一年）（黃：六十二年 ..）因為我們教會也蓋了三次 .. 也就是 .. 最後 ..（黃：四十七年 .. 大地震）裂了龜裂了再重新蓋（黃：重新蓋，民國八十年都打掉）蓋了三次屋頂（蔡：主要是屋頂?）（黃：屋頂）（蔡：屋頂）（黃：屋頂都是裂開）（美）第一次都是茅草屋（凱：所以四十七以前都是茅草屋）... 六十幾吧 .. 茅草還是五十（美）（黃：四十二年）四十二年都是茅草（黃：茅草到六十年）六十年（黃：六十二年蓋瓦片）瓦片瓦屋，還是瓦片。這是第三次。

42:33（劉：那之前林政利阿公有講，那個教會是部落第一個水泥蓋的建築?所以意思是民國六十二以前大家還是茅草屋?）對對（美）喔這邊有一個，他的哥哥（美）他們很有錢，就是剛好就在這邊，第一個有電視有水泥平房 ... 鐵皮屋是他們，就是住在這裡的。因為它有蓋那個 ... 紅磚 ..（劉：紅磚?空心磚?）空心磚，他有自己開的一個新社那邊。（花：自己開）（美）因為以前我記得，以前他們就是空心磚 .. 在下面。剛好我們上來的在旁邊。我們這樣子下去，是右邊，也就是阿好他們的家那裡（花：原來那邊以前賣空心磚）（凱：好帥喔）對對對就是那裡，他們家，我們以前從七點 ... 我們在那邊謝謝晚安 .. 費玉清唱那個 ..（凱：

好懷念）我們才回去。（劉：還有 ... 那個畫面）關起來那個電視，舅媽 .. 還記得。對阿全部的部落的人（花：都在這邊）因為那時候就 ...地磚，很乾淨，小朋友都睡在那邊（吳：他全部滿滿的）（劉：所以部落第一個水泥建築到底是教會還是他家？）是他們（花：他家喔）對阿（花：很有錢）他很有錢，他現在也是很受我們尊敬的耆老在壽豐（花：他在壽豐）（凱：現在在壽豐）對阿，他也是備受我們尊敬的耆老（花：他後來才搬到壽豐？）也就是誰 .. 慧芬的爺爺（凱：是喔？）他常常講的那個爺爺（花：爺爺）（吳：阿公）廣生的阿公（伸哥的阿公）（劉：就是這一位）（凱：他現在幾歲？）幾歲 ...（吳：sumou）剛剛講的 sumou.. 幾歲，sumou 阿公（花：喔就是阿，兜起來）就是他（蔡：阿公你們茅草屋以前是用竹子蓋還是？）八六 ... 他們都長得很帥，廣東人的種子（劉：等一下他的阿公是廣生的阿公？）（花：他的哥哥，阿公的哥哥）（黃：我的哥哥）因為廣生的阿公是 .. 就他爸爸的爸爸，他的哥哥是廣生的爸爸的爸爸（劉：就是他的哥哥）他是最大的，廣生的爸爸###

- 第四段錄音 -

41:53（蔡：我要問別的問題。penen，這邊有人把它當火把？）有阿（美）（蔡：晚上用火把幹嗎？）因為以前我們在上面，我都記得我小時候我都記得，因為我們晚上都要去教會，每天都要來教會（蔡：每天晚上，為甚麼？禱告）每天，反正 ...（蔡：吃完飯以後）大概我們都有時間姓，我們都會講大概六點半或七點，反正那時候就會有聚會，從上面我們就用很長的把 ..penen，已經量好了（蔡：大概多粗？）可以拿的範圍（蔡：十公分，大概十公分？）手把可以拿（蔡：手可以拿的）（蔡：長度？）最好是更長的（吳：很久）（蔡：越長越好）就不用你在點一個，就下來到上去是夠的，到教會了它熄掉，在上去再點。（蔡：再點一次。那時候點也是用打火機嗎？）那時候點也是用打火機嗎？火柴（劉：打火石還是火柴？）（黃：番仔火）（蔡：番仔火）火柴，那時候我們只有火柴，我的印象裡面。（劉：他們現在也還是一樣，他們一三五的晚上跟六的整天的教會，很頻繁）都要去（凱：很虔誠）（美）他說之前是每天，後來他覺得沒有那麼多人 ... 老人家現在，後來一三五（劉：應該是吸取八二三炮戰，那個單打雙不打

的概念，休息）（蔡：火把每天去聚會是全家，整個部落全家都去還是只有小朋友？）大人 .. 反正 ..（蔡：大人小孩全部都去）對對對（蔡：每天晚上）對對對，每天（蔡：吃完飯）對對對（蔡：聚會是牧師講話然後禱告然後在回家睡覺）.. 獻歌唱歌（蔡：到家以後大概幾點 .. 十點？）大概九點多（蔡：然後就準備睡覺）對對對，其實他們每天的作息都是這樣，很規律的。以前我們是真的很虔誠，外面的一些我們都不敢去 ... 反正就是很虔誠，其嘎壞事都不敢。那時候五們的教育是這樣，宗教教育是這樣。（凱：現在教育好多了耶）有的還是很遵守（凱：有還是）（蔡：那個火把綁在一起是用甚麼把它綁一起？）也是用藤（蔡：也是用藤這樣子）對對對，以前我們用藤條都是很普遍，都是用那個來綁的，蓋房子或做甚麼都是用，只要不是很柔軟的都會用。（蔡：比較不會用到竹子）對對對（蔡：來編東西）竹子好像很快就裂，還會割傷手，基本上都是用藤調會比較多。....

46:04（蔡：因為我們有梯田，會有很多山豬跟猴子，那我們晚上會去顧田嗎？）那時候沒有，是最近（花：這幾年）五六十年，還是十年以內才會有山豬下來（蔡：最近十年）... 十年（美對阿，我們以前都是種香蕉、地瓜、芋頭都種在上面都沒事。（劉：猴子也沒有？）對，沒有。（劉：麻雀呢？）也都沒有。（蔡：吃稻米？偷稻米吃？）後來好像 ... 上面都沒有去砍，以前很乾淨，山上，他們還在上面。（花：更上面）上面沒有食物的時候就才下來了。（劉：就被發現）大概將近十年，那些農作物 .. 還跟人一起搶（花：搶食物）（凱：我聽明源阿公講過，八十幾年這邊有種很多柑橘類的作物）對對對（凱：就是那時候開始有猴子，最後這邊不勝其擾，之後就不要了，所以這邊都不太種果樹。）是（凱：阿公那時候跟我講的）因為沒有收成（凱：沒有收成）（凱：八十幾年種果樹是要賣？）賣（凱：賣）（蔡：果樹是甚麼？橘子？蓮霧）橘子，沒有蓮霧就橘子。（劉：釋迦？）（凱：有柚子嗎？）（蔡：蓮霧？）都是自己吃，只有橘子是賣的。（蔡：是椪柑嗎還是？）有椪柑 ...（吳：也很少）我們也有種 ... 我媽（蔡：八十幾年）對應該吧（蔡：所以是香茅以後種的種橘子）有橘子 ... 果樹，後來以後因為 ..（蔡：猴子）猴子，動物會來跟你搶就沒有了。

- 第五段錄音 -

04:09（蔡：以前我們部落小孩會不會撿東西或找東西去賣？）（吳：沒有）（蔡：沒有）我們會耶（蔡：你們會）會阿（蔡：你撿甚麼？）那時候我們都是...很多要賣的，像．那時候有竹子（蔡：竹子？甚麼竹？）就是（蔡：麻竹？刺竹）我們..肉粽的叫甚麼？（蔡：麻竹）麻竹，對（美）就是有人說多少然後給你多少（蔡：粽葉）粽葉也有（蔡：不然你是去撿那個竹的甚麼？）就是那個根，竹竿喔..（凱：竹筍..?喔竹竿）（蔡：竹子）竹子（蔡：連根一起嗎？）對阿，他們可能要蓋房子的，所以我們那時候有..（美）（蔡：那你們撿那個去賣，就小朋友撿去賣？）有廠商已經說我要多少根...我們小孩子就去（蔡：去找）他已經鋸好了，可能有大哥大姊姊去鋸好了，我們來搬下來這樣。（蔡：喔）還有那個葛兒都（音譯）（蔡：葛兒都）他們那個叫甚麼？（美）藍染的？（花：藍染的）（陸：是大葉子的嗎？）那個叫甚麼？（陸：山藍）不是（凱：那個穗花..?）（蔡：馬藍？）不是（陸：木藍？）應該甚麼樹薯（凱：大青？）（花：木藍？）（陸：是大青還是小青？）（凱：木藍？）（花：不是藍染喔？）不是，大青是葉子（蔡：薯榔喔？應該不是薯榔吧）阿，薯榔（花＆凱：薯榔）對，薯榔，葛兒都（蔡：薯榔是紅色咖啡色）對..那是咖啡..吧（劉：不是黃色嗎？）不是（陸：不是，他是紅褐色）對（蔡：有點咖啡）有點咖啡色（蔡：你們去撿薯榔去挖薯榔吧）對對對，要去挖。（蔡：小朋友就帶去賣？）他們好像有廠商，在哪一個定點（花：收）去那邊賣這樣，都集中在那邊（蔡：這都是小朋友在做的事情？）對，我們都在做（蔡：會去撿石頭嗎？）也...海邊...靠近海邊的（美）石頭（蔡：撿甚麼石頭？）我們是沒有，但新社的都有（蔡：新社的都有）對，像我們山上的孩子是山上的，我記得還蠻多（蔡：還有甚麼是你們會去山上？）（美）也有也是植物的...我不知道他名字，所以（蔡：那那個會拿來做甚麼？）應該都是香草類的（蔡：香草類）對對，因為他那個是植物（劉：你只負責賣就對了）反正我們就去拔，然後就去曬然後在賣（花：要曬）（美）對阿都有種南瓜（蔡：金瓜還是？）金瓜（蔡：金瓜，就是）就是南瓜（蔡：是南瓜？）對對南瓜。小時候還蠻多..（美）還有一個大黃瓜（蔡：大黃瓜）（美）都賣到新社。（蔡：這是大人種小朋友採，採完去新社賣？）對對

08:04（蔡：那我們部落應該比較多人會去山上打獵？）（美）比較少耶，最近比較（美）最近，阿嬤講也是最近（蔡：最近？）我記得...我的印象也是（美）因為後來有槍，已經是合格的（劉：管制合法）以前是不行，都是用陷阱。（蔡：喔！用陷阱!)..那個比較大的（蔡：陷阱都會找甚麼東西？）（美）山豬（蔡：山豬）還有山羌（蔡：山羌）都有（蔡：飛鼠？）（花：那時候有水鹿嗎？）（吳：飛鼠在上面）（蔡：沒辦法抓）（凱：陷阱類沒辦法抓）可能是只能用打的（蔡：那鳥呢？）（吳：鳥也是沒辦法）（蔡：也不會抓鳥）（吳：上面阿）（凱：你要用槍打）（蔡：所以是山豬山羌。啊，樓下看到一個有鹿的，那個？）（花：有水鹿嗎？）對阿，以前這邊是鹿的..場（蔡：鹿場）（美）我上次有聽一個耆老，這邊以前是他們..牛（蔡：養牛？）水牛的那個放生的地方（蔡：我們部落的嗎？）不是，新社。（蔡：新社的人放牧）其實以前我們還沒有來之前都是新社的管區，他們的管區在我們還沒有來之前，他們很多新社的地也都是在這邊。後來我們來了，才是我們的。他們有的是賣給我們，就是不想就走了。（蔡：所以是放水牛，沒有鹿？）有，有鹿（蔡：有鹿）一起，阿公講的，一起。（凱：水鹿還是梅花鹿？）鹿，水鹿（凱：水鹿）我們這邊沒有梅花鹿。（凱：了解）（蔡：水鹿是養水鹿？）沒有（凱：放山鹿）（蔡：野生的？）野生的（蔡：所以也要設陷阱去抓水鹿？）對阿（花：好吃嗎？）（蔡：自己吃還是拿去賣）（吳：自己吃）（蔡：自己吃）剛開始是自己吃，現在因為很多所以用賣的（蔡：是烤的還是煮的？）（花：好吃嗎？）（吳：煮的，煮湯）（蔡：煮湯，水鹿煮湯）好像..三杯雞比較好吃（花：是喔）後來我們..煮湯比較多（蔡：不會烤）（吳：沒有，很少）（凱：湯）湯，但是現在我們就說三杯雞比較好吃（蔡：會加菜一起煮？）（吳：估撈（音譯））（劉：我喜歡吃烤的三杯雞那種很嫩）....（蔡：估撈是甚麼東西？）（花：芥菜）芥菜（蔡：芥菜，他說水鹿會跟估撈.一起煮湯）（花：起煮湯，好喝..）（美）（劉：要睡覺..? 累..睏了嗎？）（美）以前都是煮湯比較多，炒的比較少（蔡：炒的比較少）對，現在發現用炒的三杯很好吃，現在又開始。（花：新發現）（凱：現在又開始）開始縣在三杯比較好吃。

11:57（蔡：所以現在還找的到水鹿獵得到水鹿？）有阿很多（凱：海岸山脈還有？）前幾天...鹿..山羌啦（蔡：山羌）鹿跟山羌不一樣嗎？（蔡：不一樣）（凱：不一樣不一樣，完全不一樣）（劉：不一樣）（凱：體型差很多）（蔡：應該說是山羌吧？）（劉：水鹿跟山羌，

所以你門口那個到底是山羌還是鹿?(黃:鹿)(花:水鹿)(蔡:那個是鹿?)(美)(劉:所以這邊並不是鹿的鹿場?)(美)阿公講說是有,但是比較少,可是山羌會比較多。(劉:所以部落門口那個意象是山羌還是鹿?)(花:鹿)(蔡:鹿,阿公說鹿)(劉:どうして?復興要放一個鹿在那邊,どうして?)他說以前是有,現在被山羌佔領了(花:都是山羌)(凱:以前...我忘了聽那名源阿公還是..?)一定是阿公王明源(凱:可能是王明源阿公)都是他在講(凱:都是他在講)對對(凱:他跟我說這邊曾經有很多水鹿,然後一直打一直打,打到據說最後一隻水鹿的目擊日期好像是在民國七十六還是六十七,我有一點點忘記,我那個筆記不在身邊。但在這之前聽說這個鹿聚集最多的地方)事哀(凱:那時候阿公講了很炫砲的詞,他說這邊是鹿的故鄉,他那時講出這麼誇張的話)對,我的內心也是那麼想(凱:不知道真的假)阿公說那時候,應該是有(凱:對阿,應該是有,但是數量不知道)對,現在反而是山羌很多(凱:山羌)(花:現在是山羌的故鄉)(美)

14:20 (蔡:那現在我們部落還會在山上設陷阱的人還在嗎?)(美)有阿,那個里長(吳:有有,里長)(蔡:他會做陷阱?)會阿(劉:他還會直接帶槍上去?)對阿(花:年輕人)每天就會上去巡一下(蔡:每天喔?)有時候,他在的話(蔡:常常)因為他現在有靠山靠海,他現在的那個都會靠海,他有時候回來他就會上山(劉:他有漁船收入也會去山上)(蔡:他是因為他爸爸也是獵人?還是)因為我們靠山,他本身本能就會了,小時候就會了(蔡:小時候就會了)對,因為他有買船,所以他就..他的生活來源就是海邊。(蔡:就是出海抓魚回來賣)(劉:上山打獵)都有,打獵也有。最主要是海邊因為那個船(劉:這個應該都自己沒什麼好賣)如果更多一點,他會賣。因為那個山羌很好打(劉:對)太多量,很多(美)山羌(美)他都有庫存,他台北有需要就寄上去或帶上去。(蔡:那果子狸有嗎?)(吳:有時候有)(凱:這個不能錄了)..那個是保育類嗎?果子狸

16:05 (蔡:他的船出去),他主要是捕甚麼東西?)飛魚(蔡:飛魚)像那個..很貴小小的...(凱:鰻苗)鰻苗(劉:白鰻)他也會賣(蔡:會賣鰻苗)飛魚(蔡:除了鰻苗,那個小魚苗會賣嗎?)會(蔡:

都會)都會賣(蔡:所以他的船有雇其他人跟他一起嗎?)(劉:這個我們下次再問他)我們都是聽說,他也會講(蔡:聽說)因為他們都有季節,像四五月是飛魚季、像鰻苗在很冷的時候他才有,他們都有季節性。下次可以訪問他。

17:10 (凱:可不可以最後問阿公阿嬤,就是我還有兩小個問題想問,我覺得還蠻重要很好奇的問題?就是阿公一開始講說..筆記好亂...民國三十幾年來的)(劉:三十八)(黃:三十八)(凱:三十八年的時候來的?阿公那時候是跟著誰來的?為甚麼會這樣子來?)(黃:跟阿公爸爸)(凱:跟阿公爸爸)(美)(凱:他們哪時候是為甚麼知道這邊?)(美)剛才不是有講(花:剛剛有講)(劉:啊還是他不在)(花:啊!他不在,因為他去買飲料)(蔡:因為颱風)(凱:說好的聊天而已)是吼(蔡:颱風大水災的關係)(花:已經問過了,所以不用在問)(蔡:把他的九甲?九甲嗎?)(劉:五)因為有三家然後(劉:五甲地)(蔡:五甲)....

18:19 (凱:我聽那個大家都講說,以前阿公阿嬤都是住在很上面的地方?阿是說有小朋友因為要送下面新社國小要比較近,所以才搬下來,大家都搬下的時候大概是幾年?就是搬到這邊,以前在上面嗎?)等一下(美)他們黃家,另外一個黃家沒有在上面(凱:一開始就在這邊)他們來的時候已經就在這邊(花:就在這邊)就知道說..對...(劉:他們是從那邊來?)對對(美)(黃:四十二年)四十二年(美)三十八(花:來這邊三十八)(美)阿公講他說他們來的時候,他們那邊鄰居他說他們也要來就一起,剛好來的時候,四家。(花:四家)也就是我黃家的爸爸、林金堂阿公現在的那一家..住的..就一家,然後另外一個是(美)頭目(花:喔!頭目)頭目,還有那邊...正雄他們家前面不是,現在沒有屋頂的那個。(花:喔我知道)就是那一家(花:一起般來)三..四家(凱:總共四家)也就是以前是鄰居(美)在富源那邊(花:在富源是鄰居)都鄰居(花:繼續搬來一起來當鄰居)他們一起,我們要搬到那邊。因為他們那邊沒有水(美)對,他想說這邊當初來的時候,是因為這邊都有蝦子、魚這邊,所以他們有豐富的資源在這邊(花:所以)來了就直接搬到這沒有搬到上面)對對沒有

21:37（劉：林政利阿公，他們來的時候是偷偷摸摸離開他們自己的部落。那麼他們也是嗎?）（美）（花：也是偷偷地）（吳：一樣一樣）偷偷摸摸的（美）如果大方地走，這是懶惰的人不想開墾甚麼的。因為那邊都是開墾，這邊也是開墾 .. 但是這邊（美）（劉：反而會被罵懶惰，有趣）我知道我大概 ..（美）他說它們剛來的時候，這邊很多蝦子直接抓就有了 ..（美）都用抓的（蔡：溪裡也都）他們來這邊就覺得哇～這邊太好了（蔡：又有水）對，有很喜歡這裡，其實他們吸引的就是這樣，有水。（美）

24:26（美）我以為是假的（美）... 磯崎 ... 很大 ..dipid，我們的那個（劉：笠螺）（美）（吳：有有 ..）（花：河邊的?）（美）不好吃嗎?（吳：不好吃）（美）我一直不相信他說有笠螺，我想說笠螺本來就是海邊（劉：海邊的）（蔡：不是子《 U（音譯））（吳：... 不一樣）（蔡：不是子《 U）（吳：海邊的很好，溪 ..）（蔡：海邊的很好，溪裡的不好）（美）他說有骨頭 .. 甚麼很硬，應該是比較硬。（蔡：他說溪裡的很硬，海邊的很好吃）對對，都很柔軟那個海邊的（劉：不是，但你看到的不是還是海邊的嗎?）可是他是 .. 是在淡水不是在出海口不是，已經很遠了，幾公尺。（劉：一裡雅（音譯）是河還是海?）海（劉：海）我一直不相信那個（美）海邊的（蔡：不吃河裡面溪裡面的子《 U，不會吃）（吳：.. 沒有）我 .. 剛開始我不相信。上一次有一個林務局的 ...（蔡：我只知道有人會吃海邊的）（吳：海邊好吃）（劉：你說哪一個是?）（花：就是這一種，不是嗎?就是長得像斗笠這樣）對對，跟那個一樣（凱：我都跟別人說這是噶瑪蘭吃的貝種）之前說 ... 哪邊怎麼有堆的那個殼（凱：對阿對阿）真的是（凱：所以這邊的名字是這個還是?）dipid（凱：還是那個貝種?一堆貝殼，還是因為這個）是因為有這個，是真的，以前真的很多（凱：這邊真的很多，然後被吃 ...）（劉：是不是下面看起來毛毛的）沒有毛（美）... 有的有的，有的沒有，因為（吳：很老的有毛）可能是看環境（劉：是這樣子嗎?）剛好跟小花的笠 .. 上面（劉：這是俯視圖，翻過來就是這個）（花：你說這邊，然後有一點毛在這邊）（凱：原來是俯視圖）對對 .. 那真的長的很像。###

04
磯崎部落

訪談主題：花蓮豐濱鄉磯崎部落地區傳統產業材料盤點
訪談日期：2019 年 12 月 21 日
訪談地點：磯崎部落
訪談人：王力之、蔡影澂、蘇素敏
阿美族語對話，以下簡稱（美）、訪談人簡稱 (A)、王力之簡稱（力）、
蘇素敏簡稱（蘇）、拉拉龍女（兼翻譯）為本文、蔡影澂簡稱（蔡）。

- 第一段錄音 -

00:00（力：我會挑其中一個產業問阿公，因為聽說阿公很會勾漁網。他有一個非常漂亮的以前他勾的漁網，用薯榔染過。)###

- 第二段錄音 -

00:00（美）他說這邊以前是盛產檳榔，賣檳榔。然後他們覺得檳榔很好賺就開始種，現在已經沒有在種了。(美) 文旦（美）還有文旦。文旦太多了，太多了然後賣不出去，就讓他自己爛掉。

01:38 力之你可以問還有甚麼，你知道的那些，我可以問。（力：蓮草）（美）有毛的葉子（美）蓮草他說以前有，三十四、三十五年（力：三十四年）然後有了紙漿廠，就沒有去採 kowoa(美) 藤（美）我再回頭回頭（美）那個通常拿去鳳林賣（美）沒有路 (A: 沒有路，爬山啊。) 爬山 (A: 山興 ..)（力：山興）爬山爬下來就是山興 (A: 山興) 山興的（美)(A: 都是用挑的。) 完全是用挑，用走路的。（美）七塊 (A: 七塊不是七十塊。) 一斤 (A: 嗯。一斤。) 衣襟差不多七十（力：七塊）七塊（美）五十斤，他最多一趟可以走五十斤（美）太大把了，走路都看不到路，五十斤。（美）

05:10（力：怎麼弄出來的 ?)（美)[阿公拿保溫瓶示意，瓶子是蓮草，是用那比較直的竹子將蓮草莖裡的髓心戳出來。] 比較直的竹子（力：要先曬嗎 ?)（美）要先曬。（美）拿去賣，如果不曬的話，老闆那邊一用就很容易折斷，他就知道那個還沒有曬乾，那是不合格的。有懂嗎?（力：所以採收下來之後，先戳出來再曬?)(A: 對對對。)（美）這樣子會乾掉。他說要先戳出來再曬。（美）他說要有一點濕濕的這樣子通，他才會跳出來。（力：通那個有甚麼技巧?) 技巧?（力：用竹子?) 用直的竹子（力：不會把 ...?)（美）（力：球球）（美）只要直的竹子就可以。（力：竹子？還是球球?) 都可以。他說他不見得一次到用完，壞掉了就要另外找一個新的。（蔡：那個粗細有沒有要符合中間的直徑?)（力：洞）（美)[阿公拿保溫瓶示意，竹子若太小，通的時候會將 kowoa 折來折去。] 太小的話，kowoa 會在裡面折來折去。（美）這樣很可惜啊。（蔡：所以要削的剛剛好。) 對（力：那採收的時候 ...?)###

00:06 八十八歲港口有誰（美）阿公說部落有會議的話，叫我講話。我每次講很小聲，大家都說好了好了這樣就好，只能這樣。力之有甚麼要問的？(蔡：提煉香茅油，這邊也自己做提煉機器嗎？) 自己做的（美）(A: 比這個大)[阿公以紅圓桌做參照物]（美）稍微矮，那個門 [阿公用手比劃大小，對應他家的鐵捲門大小]（蔡：跟鐵捲門一樣高）（美）裡面有捲動軸，煉出來的油才會慢慢滴下來。（美）慢慢滴（美）是這樣子的

02:05 阿公說曾經林務局抓他過。(力：為甚麼?) 他說不要砍藤、木頭。（美）香茅油可以。記起來，加油 (A: 差不多五十五年次左右)(差不多五十五年左右，林務局說不能砍藤、木頭。)（美）阿公說他是老闆，他的員工大概三十個、四十個去那邊採。（美）被抓到。（美）(A: 十五萬) 保他十五萬。(力：去拿甚麼?) 他就是 ...(A: 去種茅草啊) 甚麼茅草？藤、木頭 ..(力：砍木頭整地種茅草吧?是不是?) 是，剛剛阿公說他的員工差不多三十位、四十位，然後被抓去法院，保了十五萬。（美）(蔡：種茅是種香茅還是?) 被罰十五萬。（美）兩位（美）成功（美）他的合夥人很黑，警察局。他說一個台東成功的主管。(蘇：所以不用罰喔?)（美）警察也很黑。阿公說那個警察，因為擔心他的職位會弄掉。全部說他一個。(蔡：嫁罪) 我才不會職位被降。(A: 腦筋很好。)（美）腦筋很好，那個警察。(A: 我們知道甚麼?) 我們知道甚麼?(A: 甚麼不知道。你這樣這樣，好，你釣魚，好，就是這樣，一直，沒有辦法。以前的事情馬馬虎虎。)

05:53 (力：所以以前在磯崎煉香茅是有一個老闆，不是一個家族?像港口其實是一個家族。) 可能那個警察死掉了（美）也是家族。（美）阿公說他買那個香茅的苗，在長濱，然後沒有路都是坐船去。（美）(力：從那個 ..?)（美）從這個學校走。前面。(蘇：直接下去，應該沒有漁港。)（美）有人偷他的苗。（美）他也有工人幫他，然後工人有可能多拿幾個這樣（美）他沒有做香茅，就去外面工作。###

00:00（美）阿公在講剛剛香茅油提煉，然後裡面那個輪 ...(力：冷卻管) 冷卻（美）就是那個瓶子（美）直接接口（美）阿美族的頭腦也只有這樣子（蔡：那提煉的地方在哪裡?有幾台?有幾個地方?)（美）(A:... 的爸爸、我 ... 還有四個人)（美）(蔡：甚麼甚麼?) 只剩我一個人沒有死掉。(蔡：又來了)(蘇：他說的爸爸是嘎拉富嗎?難怪他們都姓劉，跟媽媽姓劉。)（美）水璉人（美）姓甚麼?(A: 姓高) 姓高（美）阿公以前是男孩子入贅。阿公（美）(A: 四個)(蔡 & 蘇：四個)（美）高山一個（蔡：這個後面的高山一個?)(A: 那個高山) 那個高山的部落（美）這邊兩個，我那邊一個

03:21 [打開電腦]（蔡：這裡可以指出來是哪裡嗎?)(A: 我看不到) 看不到看不到 (A: 我看不到，這是花蓮縣嗎?)(力：磯崎村) 磯崎村（那麼快）（美）(A: 我在那邊十五甲)（美）十五甲，我在那邊被罰十五萬（蔡：十五萬)(A: 十五萬，很大) 很大 (這個房子我買八十萬，七十二年買的八十萬元)（美）七十二年八十萬 (A: 我買，八十萬，就是慢慢慢慢 ...)（美）阿公省吃儉用，譬如說我賺了五塊錢只能吃三塊錢，兩塊就一直存一直存這樣。(力：所以高山有一個，然後 ...) 他說這邊兩個（美）沿著河，沿著河上面一點 (力：那個小水溝，八路就是水溝)（蔡：在水溝旁邊?) 那個河溝，那不是溝，是河（蘇：不是溪喔?) 溪，那是溪。(蘇：那是嘎如岸溪) 對，的上面那個（蘇：那邊有個的溪上面到瀑布下來) 高山一個，接著就換我的那邊那個被罰十五萬（蘇 & 力：芭崎)(A: 所以龜庵沒有?)(A: 我沒有成功) 我沒有成功，充公（蘇：芭崎有?)(A: 芭崎就是我 ...)（蘇：你被抓的那個，所以後來就沒有了。)(A: 都沒有了)（蘇：所以這邊兩個，嘎如按這邊兩個)(A: 恩)（蘇：龜庵有沒有?)(A: 龜庵沒有。) 高山（蘇：高山才有)(A: 高山那邊)（蘇：他們都去高山那邊。所以高山是只有一個?)（蔡：高山是指 ...?)(A: 那個 ... 過來一點，就在那邊（蘇：就在那邊。)(A: 恩)（蘇：所以就在路邊而已?)(A: 對阿，在路邊那邊)（蘇：沒有到山上?)(A: 沒有)（蘇：沒有) 這邊是到山上 (（蘇：這邊?.. 嘎如案 ..)(A: 也是水流的，沒有水沒有辦法)（蘇：沒有水就沒有辦法) 他還是要靠近水源 (力：因為要讓它冷卻) 聰明的阿公（美）我要讓他們羨慕我（美）

06:51（蔡：阿公的香茅大概幾年到幾年?做幾年)（美）(A: 五十一年)

（美）(A: 三年) 三年而已。(A: 增該這個到芭崎 ... 到那邊了十五萬，到法院十次) 十天 ?（蘇：法院十次)（蔡：十次 ?)(A: 到法院十次，那時候沒有路)（蔡：走路)（蘇：走路到鳳林 ?)(A: 不是)（蘇：走三天 ?)(A: 三天到花蓮)（蔡：坐火車)(A: 坐火車，火車鳳林到花蓮 ... 三個小時、兩個小時半喔 .. 火車)（蔡：那大概是五十三、五十四年的時候 ?)(A:... 五十三，還沒有開路)（蘇：路還沒有開)（蔡：所以被抓就沒有在做了 ?)(A: 沒有) 哪敢 （蘇：那個錢怎麼辦 ?)（蔡：了錢)（蘇＆力：十五萬很大)(A: 了錢)（蔡：還有做甚麼生意 ? 除了做香茅還有做甚麼生意 ?)（美)###

- 第五段錄音 -

00:00 （美）四十家 ?（美）龜庵那邊也有種香茅。（蔡：哪邊 ?) 龜庵 （蔡：龜庵)（美)(A: 四十甲) 四十家 ?（美)(A: 五十多) 再加我的五十多 （美) 因為我被罰了。（力：所以阿公就有十家囉 ?)(A: 不是)（力：他所謂的家是 ?)（美) 十五甲 （美）（蔡：喔！十五甲) 甲 （蔡：加阿公五十幾甲) 這邊就是四十幾甲，加阿公五十幾甲。甲不是家。（蔡：哦～好大) 誤會誤會

01:28 （蔡：香茅油大概都是海面商人來買還是要揹到 ?)(A: 鳳林)（力：鳳林)（蔡：喔！就是把他裝到瓶子裡，揹瓶子到鳳林賣。（美）（蔡：那是甚麼瓶子 ?)（美) 他說每戶很多瓶子，亂七八糟，從那邊拿的。（美）（蘇：應該是能裝就裝吧。) 很多都拿回來洗一洗。)（蔡：從鳳林拿回來 ?)

02:55 （美）阿公說以前蓋房子，下面也都用瓶子這樣。（蔡：ㄟ)(A: 老家那邊 ...)（美）（蔡：蓋房子的，插進去的地方用瓶子喔 ?)（美）（力：牆 ?) 以前都用瓶子 () 阿公說以前有錢人的房子就是用瓶子做的。像我們窮人就是用 penen。（力：瓶子做的是用哪個部分 ?)（蔡：玻璃瓶 ?) 酒瓶 （蘇：阿公會不會把玻璃空心磚當成瓶子啊。)（蔡：玻璃空心磚，以前有玻璃空心磚嗎 ?)(A: 那個老家有沒有) 他說老家那邊有 (A: 就是那個 ...)（蘇：用瓶子 ? 那外面會上水泥 ? 裡面瓶子外面水泥 ?)（美）（蘇：不是)（蔡：那是埋在地下嗎 ?)（蘇：應該也不是) 他說老家，一直講老家那邊有。（美) 已經被小龍替換了。（蘇：嗯 ?)（美)（力：是牆的部分嗎 ?)

（蘇：還是邊界，房子跟房子之間的界線嗎 ?) 可以用畫的給阿公看嗎 ?(A: 看不到)（蘇：看不到了) 阿公看不到 (A: 很久了)（美) 喝酒的瓶子 （蘇：可是那個很近代啊。) 是阿，所以阿公是不是有一點 ...（蔡：那是不是放在土裡面)（美) 都是瓶子 （美) 房子在這裡，這裡是圍牆 (A: 圍牆，對，就是這樣子)（蔡：都是這樣子) 都是瓶子 （蔡：圍牆裡是養雞跟種菜) 怎麼會是養雞。（蔡：我在畫畫看)（力：是不是牆的下面 ?)(A: 就是下面，好像這個一樣)[阿公拿底下的塑膠小凳子比]（蘇：踢腳板)（蔡：不是不是踢腳板)（蘇：這個高度是這樣嗎 ?)（美)

07:11 直接拿那個瓶子來 (A: 差不多啦，差不多啦。) 我們拿瓶子來 （力：為甚麼用瓶子 ?) 他說以前有錢的人 （力：對，為甚麼用 ?)（美) 預防有小偷進來這樣 ? 你看是不是碎片耶 ?（蘇：阿公是這樣嗎 ?)(A: 不是。這樣。)（蘇：這樣)(A: 這樣)（蘇：這樣，直的 ?)(A: 這個是木頭 ..（蔡：這上面是甚麼)(A: 上面是房子，不是 ?)（美）(A: 嗯)（蘇：這樣，上面是房子)(A: 對)（蘇：這個在地上)(A: 地上)（蘇：一半)(A: 一半一半)（蘇：在地下)(A: 嗯)（蘇：再求證)[阿公將酒瓶倒立，示意房子是建在半插進土裡的酒瓶上頭]（力：他有說是牆嗎 ?)（美)（蘇：上面有房子啊)（力：牆的下面)（美) 預防老鼠進來 （美) 像我們窮人用 penen 的話 （美) 老鼠就會 ...（力：挖洞)（蔡：哦！下面是用瓶子，上面還是用 penen?) 不是不是 （蔡：瓶子的上面 ?)(A: 下面，下面都是在這邊)（蔡：土在這邊)（美)(A: 不是)###

- 第六段錄音 -

00:00 （美) 都是木頭 （蔡：喔)(A: 都是木頭，有錢人都是這樣子。)[阿公拿著酒瓶示意] 有錢人就是這樣子。（蔡：老鼠因為這個咬不動，他就進不來。penen 就會咬破。)(A: 對)（蔡：喔)(A: 就是這樣子)（美) 預防蟲進去來。(A: 重要是老鼠) 老鼠 （力：老鼠)（美)penen 就會被咬。（蔡：木頭在玻璃上面，木頭怎麼固定 ?)(A:... 譬如這個，上面都是木頭)（蔡：都是木頭，木頭怎麼固定 ?)（美) 瓶子先不要拿走 （美) 聽得懂嗎 ? 我有一點沒辦法理解。（蔡：阿公，先把瓶子圍起來，圍在地板上)（美)（蔡：圍好以後，把木頭放上去)（美) 素敏能不能再拿一個瓶子，空的就好了。

（蘇：我去拿。）（力：會不會是這個是是木頭的柱子阿？然後下面這排是瓶子，然後上面是木頭？這樣就可以固定。問一下）（美）[阿公指著影澈和力之畫的示意圖]（蔡：這是木頭，瓶子）(A: 這個瓶子下面還有一條，這麼厚的，大概八呎)（蔡：八呎？）(A: 不是八呎)（蔡：一呎？）（力：吋）（蔡：八吋?)(A: 八吋，對。八吋到這邊來)(A: 這個是到這邊來，這裡有個一個石頭)（蔡：這裡有一個石頭）（蘇：通常下面，柱子下面會有石頭是不是？問他一下）（蔡：這裡有石頭）(A: 石頭，上面也是這樣，板子到這邊來，也是自己用的，就是這樣子。有錢人都這樣子)（蔡：下面有石頭）（蘇：上面那一小段是甚麼？那應該是承重的關係？增加承重跟他說防老鼠那些。）

04:11 [Rara 拿酒瓶直接跟阿公模擬]（美）木頭在上面 (A: 這麼厚) 這麼寬 (A: 大概一寸半)（美）石頭，剛才有畫石頭（蘇：石頭放在哪裡？瓶子跟瓶子之間？）（力：不是）（蔡：這個這條到這邊有放石頭？）（美）這麼高的木板，上面就是比較薄的木頭（蔡：這個比較厚）這個比較厚（蔡：壓住玻璃這樣）對 (A: 對對對。) 差不多這麼高，然後上面是比較薄的木頭（力：那石頭在哪嗎？）（蘇：石頭，這樣）（蔡：書是石頭這樣）(A: 這麼厚的。)（美）(A: 對！就是這樣子啦。)[阿公將書墊在水瓶下，書是石頭，示意石頭是墊在柱子下。一排倒立插在土裡的酒瓶上，有一個比較厚的木板橫更在整排酒瓶的上放，上面則是一根根較薄的木頭，最兩側的柱子有石頭作檔。參閱力之畫的示意圖]（蘇：這邊是木頭，上面是 penen?)（力：沒有，木頭。）（蔡：木頭）比較薄的（蘇：喔，就做牆，直接做牆了）（力：對）（美）通過（美）

06:59（蔡：所以酒瓶是從鳳林揹過來的？）（蔡：不是）以前亂七八糟（美）以前家裡是換公公作然後換公公做 [不知道是甚麼？暫以代稱]，親戚家人一起來家裡吃飯，一定就會喝酒。那個九是從鳳林買回來的，然後買回來的時候，積存很多了。他拿來做香茅的那個。（蔡：香茅的那個）（美）###

- 第七段錄音 -

00:00（蔡：你買船，六十八年買船以後，做船的生意嗎?)（美）(A: 六十年)（蔡：六十年）(A: 我有工作在 .. 梨山) 梨山 (A:... 做甚麼？磅空)（美）驪山那邊做打洞，磅空。（力：山洞）(A: 去那邊的下面阿)(A: 很久)（力：中橫？）(A: 我在太魯閣 ... 七年？)（蔡：十七年？）（力：七年）（蘇：七還是十七？)(A: 七)（蔡：七年）太魯閣七年（蔡：所以你開流籠還有打洞?)(A: 嗯)（蘇：打洞是同一個？）在梨山 (A: 梨山那邊) 大結？[不確定地點名，暫以代稱]（蘇：梨山下面，那是公路局的嗎?)(A: 公路局)（蔡：那就是做馬路。）（力：中橫？）(A: 對對對)（蔡：那我們這邊很多年輕人跟阿公一樣去那邊工作嗎?)（美）很多 (A: 這邊沒有工作啊，開這個路都是開發隊)（蘇 & 蔡：開發隊)(A: 都是阿兵哥，如果阿兵哥沒有開的話，沒有辦法。）（蘇：這邊是甚麼時候開的?)（力：五十四、五十六年)(A:... 五十四開始到五十八年)（蘇：阿你都不在？都在太魯閣?)(A: 都在外面)

02:03（蔡：阿公你幾歲結婚?)（美)(A: 很早，二十 .. 十九歲了）十九歲（蔡：十九歲）（美）老婆十五歲。（蘇：揹進的對不對？從鳳林揹過來？）（力：老婆是鳳林的？）（蘇：也是太巴塱，但他們在花蓮市住的，他們從小就去花蓮市了，住在美崙那邊。）（蔡：阿公你把太太揹過來喔？從鳳林揹過來嫁給你）(A: 也是走路)（美）老鼠在叫巜ㄟ巜ㄟ就嚇到了（美）他老婆很怕（力：老鼠）我就剛剛說怕甚麼，有甚麼好怕這樣。（蘇：阿嬤是住在市區的 Tafalong 對不對?)(A: 對對)（蘇：在美崙那邊。)(A: 美崙，我們結婚，在美崙那邊）（蔡：哦，結婚的時候）（蔡：哦）（蘇：但是你們兩個都是 Tafalong 的)(A: 對)（蘇：阿公是砂荖 Sado) Sado(A:Sado)（蘇 & 蔡 :Sado)Sado（蘇：現在那個青年會是他弟，那邊有兄弟，他到幾年前才知道他有很多弟。)（蘇：阿嬤是 Tafalong 的？還是?)(A:Tafalong，我的媽媽是 Sado，就是這樣)（蘇：嗯，講回產業）

04:09（蔡：阿公的船都去捕魚還是去送或賣東西用?)（美）阿公說賺到一點點錢，六十年。（美）抓苗（力：虱目魚？）黑再（音譯）黑再是虱目魚（美)(A: 一條三毛) 一條三毛（蘇：記得耶，好適

合做生意）（美）(A: 八十塊）最高到八十塊（蔡：最高捕到...有一次補到...)（美）一條黑再，八十塊 (A: 不是，三毛）三毛（美）（蔡：一天?)(A: 一條)(蘇：一條)(A: 一條，一條八十塊)（蔡：跟現在 ...)(A: 現在一條多少？一百八)（蔡：今年最高有到兩百，今年)(A: 就是這樣子阿，上下上下)（蘇：虱目魚苗)（力：民國幾年?)（美)(A: 民六十一、六十三，到六十三）民國六十到六十三，之後就沒有人再收購鰻苗（蔡：鰻苗？還是虱目魚苗?）虱目魚（蘇：因為後來用養的啦。）（美）不知道，可能已經滿了吧。（美）可能老闆錢賺很多了吧。(A: 苗）黑再?（美）（力：黑再是虱目魚苗）黑再是虱目魚苗嗎?（力：你剛不是這樣說的嗎?）我知道，但是黑再是虱目魚苗還是鰻苗嗎?(A: 魚苗阿）魚苗 ()力：都拉（音譯）才是）（蘇：還是他們沒分?）（力：沒有沒有，有分）黑再（美）保羅他們抓的是都焦黑再嗎？他們都講甚麼?（力：都拉）都拉（力：都拉是鰻苗。）（美）現在才是都拉（蔡：... 虱目魚)() 蘇：再確認一下，黑再是甚麼?）（蔡：嗯）（美）黑再（美）模再（音譯）就是都拉，黑再不一樣 (A: 不一樣，如果尾巴黑的話不是，沒有黑黑的才是那個）（美）（蔡：所以剛才講的兩百是鰻苗?）（力：沒有他現在在講鰻苗 ...)（蘇：阿公你們以前有在 ...)###

- 第八段錄音 -

00:00 （美）阿公很驕傲地說島如案（音譯）只剩他一個人知道的，記得這件事。（美）全部都死掉了。（美）托你們的福，讓我可以這樣長壽。（美)(A: 那個五十年開始到五十三年 ... 國稅局）國稅 ... 香茅 ..（美)(A: 一斤一百零五塊）（蘇：一百零五塊）（美)(A: 十斤半）（美)(A: 兩百塊）兩百塊（美）煉油之後，一斤差不多（美)(A: 一百零五塊）（美）十一斤十二斤十三斤 ...(A: 沒有到十三斤）十二斤（美）剛剛有懂嗎？他說一斤一百零五塊（蔡：是香茅油嗎?）對 (A: 香茅，對。)（美）已經沒有了 (A: 五十八年五十六年 ...)（美）五十六年通路（美）只剩我一個人知道嘎如如案（音譯）以前的那個歷史，大家都死掉了。（美）阿公說好羨慕大家都走了，我好辛苦這樣。我一直在想我死掉的話，你們會給我花嗎?（美）阿公在感嘆他這麼老了都沒有工作，就坐著等著吃飯這樣。（蘇：那阿公喜歡甚麼花?）（美）這麼寬（力：百

合?）屋搜給（音譯）（美）紅的（力：紅的?）（美）屋搜給是甚麼？家裡很多，圍牆。（力：籬笆花）籬笆花，他有說寬寬的花。（力：扶桑?）（美）他有蕊 (A: 很長）很長（美）先休息一下，讓阿公喝水，讓他看一下那個花。暫停一下可以嗎?（美）這個啦，素敏，阿公說就是這個 (A: 就是這個）（力：他喜歡扶桑）（美）（蘇：以前有一種是吊的，有一種是吊下來的）（力::)（美）阿公說這個他的葉子可以拿來吃 [直至 08:06 為休息時間的談話]###

- 第九段錄音 -

00:00 （蘇：船在海邊也是用三角網嗎？就在海灘這邊嗎?)(A: 外面，就是一定外面）（蘇：他剛才講是船出去還是在海邊?）（美）（力：船)[桌上的筆電假裝是船，阿公手比 V 字做為三角網，放在船的兩側示意三角網置於船身兩側]（力：是三角網嗎?）阿公說還是三角阿（蔡：在船邊）對，比較好收（美)[比 ....]（蔡：所以一條船有兩個)(A: 對對對）（蘇：所以阿公你們回來在一隻一隻挑?(A: 對阿）（蘇：那很多的不是的怎麼辦?)(A: 看就知道了，很多種 ...) 蟲（美）挑那個蟲放到另外一邊。（蘇：喔～就不要的）阿公講蟲（蘇：可能其他的）（可能其他種類的

02:37 （蔡：磯崎這邊有多這樣的船嗎?）（美)(A: 十六台）十六台（美）後來有屏東的人過來，用大竹子當浮圈在那邊撈（蔡：拿網子在那邊撈，人下去在那邊撈）因為他一定有深度，拿很大的竹子 ..（力：讓浮起來）聰明（美）屏東也蠻多人過來（美）自己搭帳棚（蘇：咦！可是他們是用船撈，屏東是用人力下去浮球在那邊撈）他們當地當然可以用自己的船，屏東的人只是臨時過來，做一個竹子，自己搭棚隨便住（蘇：這個假設是等於屏東沒有這些苗？或是苗比較少?）（美）那邊太多人抓了，就是很擠這樣。(A: 楓港）（蘇：屏東楓港）（美）全部撈的 hicay，有一個台南，很大的在收購（蘇：阿公剛剛說他每一個地方都去過喔?）（美)... 安平，四個很大（美）他剛剛說跟著老闆去看，去看他們的產業或看他們怎麼抓的

06:12 （蔡：他的網子是從哪裡買來？還是自己做?）（美）公司會做，不會的就要我做（蔡：阿公用甚麼做?）網子是去買的，自己做支

架，沒有人幫忙（美）用裁縫（美）米性（音譯）也是抓魚苗抓來的一些些錢去買的米性（蘇：縫紉機喔？）（力：嗯。）（蔡＆力：勝家）很多人叫我做（美）（蔡：哪種竹子？）那個吃的竹筍（蔡：吃的竹筍？）（蘇：桂竹筍嗎？）（美）平常吃的那個竹筍，不會很大（力：會不會是桂竹啊？）（蘇：桂竹）（蔡：所以阿公的魚苗在網子撈起來以後是用手撈？）不是，有蒲又（音譯）（蔡：蒲又是竹子？）不是，一個 ... 力之你解釋這個比較清楚 ###

- 第十段錄音 -

00:00 抖了之後，它的魚苗就到蒲又那裡。（力：所以有個袋子）對對（蔡：他是用竹子？）（蘇：沒有那是網子）（蔡：也是網子。新社是用竹子）如果你用竹子的話，水溢出去，一樣會跑出去那個苗（蘇：有縫阿。）只有竹子是他的三角架（蔡：我知道，下面有 ...）（力：可是魚苗要活阿？）對對 .. 那個 ... 鰻苗 .. 不一樣 ...（力：要活的，那竹子 ... 網子 ...）（美）不用，他說竹子，大概這麼大（蔡：是編的嗎？還是挖洞？）（美）（A: 以前阿公做的那幾個）（蘇：... 他下面 ...）（A: 那個不知道）（力：沒有，可是 ...）（蘇：不一定）（A: 那個不知道）（力：不是，是因為鰻苗要活的阿，如果是網子的水沒有辦法在，所以鰻苗也不是這樣）（A:）（蘇：但是，他們是那邊，我看他們做是馬上會抓起來放在水裡面）（力：對）（蘇：所以他是用手挑對不對？挑到桶子裡啊？）（力：它不是講說用阿屋兒（音譯）用竹子 ... 竹筒啦）竹子，就是（蘇：哦 ...）（美）差不多這麼大、這麼高（美）（A: 不要的）挑不要的。（蔡：不要的，把它挑起來）恩，好的就放在自己的水桶裡。

02:09 （蔡：阿公在那個撈魚，六十三年差不多結束後，那個用船在做其他生意嗎？）（美）（A: 六十三年）六十三年（蔡：撈魚苗以後？）（美）已經沒有人在買那個了（A: 六十三年都沒有）（力：他有抓別的魚嗎？）（美）（A: 六十三年我到梨山 ... 磅空）又去梨山做磅空喔（美）這邊薪水一天五百塊，阿公又去梨山。（A: 就是這樣子）（蔡：就去梨山打洞）（A:.. 去日本一年）（力：日本）（A:...我們做不對的就被罵バカヤロー）（美）心很難過（力：去日本做甚麼？）（美）（A: 工廠阿）（美）汽車零件 ... 汽車零件，大工廠 ... 汽車零件（美）阿公說在那邊學的日文（蔡：在汽車零件廠學日文）

當中...有被木板壓到，在那邊有住院（蔡：喔）（美）我回來就只剩二十萬，因為都已經付了醫藥費。（美）（A:... 兄弟 .. 兄妹）在那邊不會想老婆，只想到孩子跟兄妹。（力：為甚麼你不想老婆？）（美）阿公在講他看病的經歷（美）醫師叫我停止呼吸（力：照 X 光？）恩，應該是。那時候阿公說都聽不懂日文。好 ...(A: 知道不知道）知道不知道，不知道（美）（A: 我記得六十七年）（力：六十七年）（蔡：回來我在那邊工作一年，三個月工作七個月（美）醫院（蔡：一年三個月，有七個月在醫院）（A: 恩）（蔡：喔）（A: 工作三個月）（蔡：所以六十七年回來，六十七年回來阿公有做甚麼生意嗎？）（A: 做甚麼 ... 忘記了我不知道了）（美）很像（力：桂竹）（蔡：受傷回來）（美）###

- 第十一段錄音 -

00:00 （美）（A:... 六十八年開始）（美）這中間阿公就說 ... 秘古力 .. 就是去給人家做工（蘇：阿公苦力）存錢就 ...（美）然後五塊錢省兩塊這樣，然後六十八年就買漁船（力：做甚麼工？他去做甚麼工？）（美）流籠（蘇：在哪裡？）他說開流籠（A: 在花蓮 .. 甚麼廠阿？）流籠（蔡：山裡面那個流籠？）（蘇：可是是 ... 還是工廠的流籠）應該是工廠（A: 太魯閣林場。）（蘇：太魯閣有林場？太魯閣林場，對，以前上面有一個流籠（A: 對，很高）（蘇：對對，在遊客中心那邊上面。）（A: 對對，大同、大禮裡。）（A: 對對對，大同、大禮）

01:31 （蘇：那是搬甚麼下來？）（美）（A: 木頭）木頭（美）（力：大魯閣）（A: 有的兩噸，三噸沒辦法。歪呀會 ...）你也知道（力：彎）（蔡：是 Hinoki 嗎？）（蔡：是 Hinoki 嗎？）（A:Hinoki，都是 Hinoki。Beniki、Hinoki、都阿、Matsu 松、）（力:Matsu）松（蘇：杉還是松，要確認 ...）（蘇：阿公你在講一次你說 Hinoki、Beniki、Matsu、）（美）（A:Hinoki、Beniki、Matsu、都阿）（蔡：都阿、Matsu）（A: 現在沒有了阿。）（蔡：沒有了，採不到）（A: 我記得那個台北甚麼山阿？有的這麼 ... 五個人這樣）（蘇：抱五個人抱（蔡：喔！）（A: 還有阿現在）（蔡：現在還有）（蘇：你說那個??，那個那麼大的是甚麼？）（蔡：木頭）（A:Hinoki，很大那個）（蘇:Hinoki)(A: 新竹山那邊，新竹）（力＆蔡：新竹）（蘇：新竹山）（蔡：啊！是拉拉山那邊嗎？）（蘇：神木）（蔡：神木那裡）

(A:現在日本他不賣了)(美)(A:北海道)(蔡:北海道)北海道(A:北海道,現在都沒有了啊。都不賣,現在怎樣不知道)(美)(蔡:那個阿公做流籠 ...)###

- 第十二段錄音 -

00:00 已經要當部落的耆老了。(美)比較是部落的比較長者的身分。(蔡:已經過了)(A:過來的時候,到磯崎,後來我們的家在那個山上,這樣像工寮一樣)(美)(A:七十六年)阿公從日本回來,他還是住茅草屋,山上。(A:七十六年)(美)在山上(蔡:住在茅草屋嗎?)以前的房子啊。(蔡:以前住在山上的茅草屋裡面)(A:在那個山上,後面嘛)(蘇:舊部落那邊,阿襪(音譯))(蔡:舊部落)(A:阿襪)(蔡:老婆小孩)(美)(蘇:瀑布旁邊那邊,那是阿美族遷徙過來的地方)(A:那時有點 ... 毛病很多 .. 覺得 ..)(美)自以為是(美)阿公說從日本回來有點自以為是這樣。(美)

02:19 阿公自己去山上採竹子,自己蓋房子。(蔡:用竹子蓋房子)恩(美)就有人提拔他做村長(A:他說三十四年 ...)三十四歲(A:三十四 ...)三十四歲(A:.. 三十四年 ... 磯崎村都沒有 ... 新社村)新 ..(A:新社,新社村)那時候還沒有叫磯崎村(A:對)那時候叫新社村(A:我後來 ... 理事長的爸爸)(蘇:恩,洪理事的 ...)(A:他村長,還有劉阿頭,阿修的舅舅)(蘇:恩)(A:三年 .. 有換 ...)一任三年(蘇:三年輪一次,三年輪一次)(A:應該是我第三次)(蘇:你第三次)(A:恩,你站起妳很好,你當村長,唉呦)(美)阿公說那邊的教會阿公蓋的。(蘇:哪一個教會?)(美)阿歐(音譯)(蘇:阿歐,那邊有個教會喔?現在不見了。)(A:不見,現在不見)(蔡:是茅草的嗎?)(A:茅草的。)(蘇:喔~)(蔡:茅草蓋的教會)阿公說他蓋的(A:我自己做的阿。)(蘇:當村長的時候嗎?還是?)(A:那時候,當村長的時候。沒有村長 ...)(美)那時候阿公說有八位的比較 .. 部落比較有地位的也有警察去他家,一起吃飯討論提拔阿公來當孫糾(音譯),可是阿公說不要,老婆一直拜託說不要不要我們家是窮家子弟,為了不要讓他 ...(美)有一點,他老婆有一點不好意思,煮燒酒雞給請他們八個人吃(美)他一直說不要,是由那個潘多來來當(蔡:潘多來?)(A:潘多來)潘多來(蘇:就另外一個人)(蔡:喔喔喔好

潘多來)(美)很多人拜多阿公,就是希望他當孫糾 .. 村長,他說表弟親戚來有一個當代表也提拔他當大么,因為大家都知道他是 ... 他說他不要一直說:不要,我是窮家子弟沒有讀書人。可是那時候大家認為他從日本回來的,應該是很屬害的人這樣。可是他還是不要。(蘇:阿公有做過頭目。)(美)(A:七十 ..)最後了。(A:七十三年,最後我豐濱鄉村民大會有沒有 ...)村民大會(A:村民大會那時候沒有了 ...)(美)###

- 第十三段錄音 -

00:00 (美)(蘇:改天做一個要沒有磯崎村的行政區的時候。這四個部落是怎麼互動的。懂我意思嗎?他們是 .. 芭崎是一個部落、磯崎是一個部落、龜庵是一個、高山是一個,沒有行政區的時候他們是怎麼互動,改天在做。)(美)當時八十八年的之前的八年,阿公在當頭目。(蔡:八十年到八十八年)(A:八十八)八十年到八十八年,好。然後包括 ....(A:八月十六號)(蔡:八月十六號)(A:恩)(蘇:登基)然後這當中,他當頭目當中海水浴場他也主持,就是頭目的頭銜的開幕。)(美)替換之後是吳阿春(蘇:他跟你年紀差不多阿,你跟他一樣年紀?

吳阿春)(A:吳阿春他二十五年次)(蘇:二十五年次,阿公多少?)(美)(A:二十)二十(蘇:他們倆差五歲二十年次)差五歲(美)(A:現在的村長)二十年次真的八十八歲(蔡:那甚麼時候開雜貨店?)(美)這個房子之前是一個大陸人在做生意的,我就買掉這樣。(美)去日本(A:三個月)愛蓮去日本三個月,然後我就直接換他的名字

03:00 (蔡:是幾年的時候買這個雜貨店)(蘇:傳給女兒)(美)(A:六十 ... 我忘記了)(蔡:在日本的時候嗎?還是回來?)(A:回來,從那邊回來才買阿。)(蔡:喔~)(美)連店面八十萬(A:很辛苦吶)很辛苦(蔡:那時候八十萬很貴那時候)(A:二十萬)(美)(A:現在那個人在泰國那邊)(美)去泰國(美)當初是部落的理事長(美)現金(A:六十萬)界的人已經死掉了(美)借二十在太魯閣那邊工作借二十萬,然後(蔡:跟太魯閣的老闆借)恩(蔡:那剛剛那個泰國是甚麼?)他說這邊的主人去泰國住了(蔡:家

族整個)(美)(蔡 : 也是阿美族那個理事長)(美)(A: 現在還有，他的太太)(蔡 : 太太還在這裡)(A: 這裡)(蔡 : 他去泰國)(A: 恩)(蘇 :)(A:)(蔡 : 阿公你之前前面捕魚苗，補完之後漁船是賣掉嗎 ?(美) 還有阿，嘎拉夫還在用 (蘇 : 過戶給大兒子，但是現在是小龍爸爸在用)(A: 對對)(A: 現在停在鹽寮)(蘇 : 他女婿，就是小龍爸爸)(蔡 : 小龍爸爸)(蘇 : 改天再問)(蔡 : 好)(蘇 : 阿公你是四歲來的嗎 ? 四歲)(A: 恩，砂荖那邊到這邊四歲)(蘇 : 來，你爸爸來)###

- 第十四段錄音 -

00:00 (蘇 : 這邊種田還是 ? 為甚麼要過來 ?)(A: 他說太巴望是田很光、河流一點點狹小，不夠水)(蘇 : 不夠水)(A: 水的問題才搬到這邊來就是這樣子，來是到新社，其實戶口在這邊，那時候 ... 磯崎村)(蘇 : 沒有磯崎村)(A: 沒有還沒有)(蘇 : 你來的時候，已經有布農族了嗎 ? 撒奇萊雅已經有了 ?)(A: 撒奇萊亞已經有了)(蘇 : 那布農呢 ?)(A: 布農)(蘇 : 後來的還是前面的)(A: 後來的 ... 大概五十年 .. 布農)(蘇 : 布農五十年來的)(力 : 沒有，他說民國二十年)(蘇他二十年生的喔 ?)(力 : 對阿)(蘇 : 他說民國二十四年就來了) 對，民國二十年生的)(蘇 : 那要問 ... 還是要 ...)

01:24 (力 : 阿公以前就是那個，在部落一月到十二月老人家都是些什麼，像新社譬如說他們種完田就去抓魚，他們就會去做甚麼事。(蔡 : 還有準備豐年祭阿)(力 : 對對對這個生活的節奏其實跟產業很一些關係)(蔡 : 一月到十二月看他們會怎麼排)(力 : 對阿，磯崎這裡有種田嗎 ?)(蔡 : 有，他們的產業裡有賣米到鳳林)(蘇 : 你就是常常本來該去上學，結果被留下來種田，常常老師是因為這樣又把他找回去。阿公有種田 ? 阿不是你說回到你問的那個一年十二個月做甚麼) 阿公 (美) 其實這樣講他現在講是換工 (力 : 沒關係你就說 ... 二月種 ... 插秧嘛)(美)(力 : 從二月 ...)(美) 去山上沒辦法進入狀況，他還是講他又去工作 (力 : 沒關係)(蔡 : 阿公有田嗎 ? 米，種稻米，阿公有種稻米嗎)(美) 一點點都沒有 (力 : 沒有分到)(蘇沒有分到甚麼)(力 : 田)(蘇 : 這邊的田 ?) 我問阿公他有沒有田，他說完全沒有 (蘇 : 他的地在砂荖，他幾年前才知道他的祖先 ...)(A: 在砂荖)(力 : 難怪他

一直出去工作)(蘇 : 是一個 ...)(蔡 :Surprise)(蘇 : 很多，但那個我們不要問，那是個人的，他有去辦登記) 有就好了

04:53 (力 : 阿公知道那個海邊的那個港口 ... 海邊的種子，你媽媽有說過)(美) 你看，不通 (美)(蘇 : 波強 (音譯) 睡覺枕頭一顆一顆，海邊，肚子痛吃)(美)(A: 波其唷 (音譯))(蔡 `: 波其唷)(蘇 : 有了有了他知道了)(美) 一樣去拿，拿去賣 (力 : 曬乾) 一天可能拿到十斤 (美) 還有曬的大概十斤 (美) 漢人都來搶得買、收購。可能就是時間上 ... 不像我爸爸，因為老闆他是直接來就馬上收，他就沒有先曬再賣 (力 : 收去幹嗎 ?)(美)(力 : 他不知道收去幹嘛。)(蘇 : 但是台灣有一陣子就很流行海埔姜做枕頭書甚麼有益健康。) 我小時候也一樣，我也是去 (蘇 : 當枕頭 ?) 不是不是，賺外快 (力 : 拿)(蘇 : 喔，幫忙，賣原料) 然後我想問一下為甚麼我們現在那邊也沒有，(蘇 : 這邊有喔 ?)(力 : 這邊有 ?) 還有 (蘇 : 海邊很多) 我們那邊差不多沒有了 (蘇 : 你跟他講你們那邊沒有) 阿公 (美)(蘇 : 他應該是被當作沒有用的植物，所以被清掉) 阿公他也不知道為甚麼 (蘇 : 阿公那是吃肚子痛)(美) 肚子痛，種子跟葉子用鹽巴這樣子 (蔡 : 用鹽巴搓一搓) 就可以 (蔡 : 是哪裡的商人 ?) 吃起來很像 (美)(蘇 : 磯崎國小很多 ... 如果我們可以挖幾棵來做) 他的藥效 (A: 沒有拉肚子) 他的藥效有一點點拉肚子 (蔡 : 他說藥效，吃起來很像甚麼) 他的藥效就是拉肚子 ，還有一個就是那個番石榴的葉子 (蔡 : 也是) 也是這樣，他們的藥效是一樣 (蔡 : 番石榴 *(力 : 芭樂)(蔡 : 那個海埔姜的種子那時候是哪裡的商人來收 ?) 外面 (蔡 : 外面哪裡像是剛剛外面的魚苗是台南，這個 ?)(美)###

- 第十五段錄音 -

00:00 可能是鳳林的 (蘇 : 我來證實一件事情，那個布農族他們一直說，他們來了以後才教你們打獵是這樣嗎 ? 他們五十年才來，你們二十四年就來。可是布農那邊一直說教會了這邊的人打獵，因為他們是高山民族)(力 : 你要分打獵槍跟放陷阱，這不一樣，阿美族是放陷阱)(蘇 : 那你問他們獵槍) 一個小時半 (美)(蔡 : 讓阿公休息想一下要怎麼講。)###

05
貓公部落

訪談主題：花蓮豐濱鄉貓公部落地區傳統釀酒記憶與技藝
訪談日期：2019 年 11 月 06 日
訪談地點：貓公部落
阿美族語對話，以下簡稱（美）、訪談人 A 簡稱（A）、訪談人 B 簡稱（B）、訪談人 C 簡稱（C）、訪談人 D 簡稱(D)、王力之簡稱（力）、蔡影澂簡稱（蔡）、吳建安（兼翻譯）為本文

- 第一段錄音 -

00:03（美）

01:44 25 台斤為 15 公斤

03:03 剛才兩位媽媽 (A、B) 講釀酒的過程，過程就是用糯米，製作前浸泡 2~3 小時，泡好後拿去煮，煮當然是用我們的嘛噢（音譯，煮糯米器具）去煮才會有那種獨特的香味，煮好後倒入阿達不思（音譯，晾曬的傳統器具）攤平冷卻，不可以很熱、過程中還得灑點水在上面，等溫度差不多時（多少溫度要靠經驗），使用酒麴打碎與糯米飯攪和均勻，大約是一斤糯米用一塊酒麴的比例進行，攪和好之後就放進瓶中發酵，天氣好時約兩天就可以發酵完成！天氣涼一點時，可能三天。若是冬天則需要五天到一周才能發酵完成。

05:42 若用五斤的米去做，裝在一個小瓶容器中去做，約可以做到 32 瓶。

05:59（力：我想請問一下，阿嬤跟阿姨都是幾歲開始學做酒 ?）一個個講，順便說一下你們的師傅好了 (A: 我的師父是葉秋蘭) 你不是很早以前就做了 ?(A: 他們是大家族，我家是小家庭，又地處偏僻，沒有那種環境可以學習。大概四十多歲才開始學做)（力：阿姨您小時候有看您母親做過嗎 ?)(A: 有看過，但沒有很仔細看她怎麼做。) 以前所看到的並沒有將釀酒的湯汁分離出來，直接食用。（力：甚麼時候吃 ?)###

- 第二段錄音 -

04:18 她開始接觸到釀酒的部分，是從小學四年級跟媽媽去山上，她媽媽叫她先下山回來，把她阿嬤的釀酒移到甕那邊去，從那時開始接觸釀酒。當時她見到阿嬤的釀酒是放在阿露個（音譯）那邊，以麵包樹葉子在籮筐中墊著（怕湯流出來，雖然還是會流出來），第二天、第三天發酵（力：像及鬧（音譯）一樣 ?)(B: 像籮筐很大 [手比約直徑 80~90 公分]) 那時已算是有在發酵了，

她拿的時候湯汁都會流出來。小學五年級，開始自己製作。

(力：那阿嬤的酒是 ?) 以前沒有在喝湯啦！就是我們講那個發酵的汁啦！就這樣直接一人一碗直接吃。(力：所以把它從古論中拿出來 ?) 不是！做的時候沒有馬上放到古論裡，它阿嬤叫他幫忙移到古論那。15 歲那年開始製作，用兩斤米和兩個酒麴，第一次做出來就很成功，說是很好喝！她自己說的！

08:21 (B: 真的！這是真的！)(力：阿姨為什麼 15 歲開始做 ?)(B: 因為老人都在做啊！我好奇就跟著做做看，結果很好吃) 之後，17 歲###

- 第三段錄音 -

00:02 蒸餾酒。是看到老人家在做，就想嘗試。(力：那時候的米是自己種 ?)(B: 對！自己種，自己打的！以前都是種田啊！有米 !)(力：阿姨您幾歲結婚 ?)(B:22 歲)(力；所以那時還沒有結婚 ?)(B: 還沒 !)

00:37 那就換第三位自我介紹一下！(美)(C: 我叫吳秀珠，阿美名是馬耀 (音譯)，67 歲) 我們豐濱叫馬耀的都是女生，沒有男生叫馬耀。(美)

03:12 馬耀阿嬤，從小就看媽媽釀酒，那時並沒有跟著做！她 15 歲就離開去台北了，她想到她的大姊之前有做過釀酒，手上有兩個酒麴，於是就試去做做看！(力：酒麴是買的 ?)(C: 我家隔壁自己做，送我的)(美) 自己做結果還不錯！因為工作和養孩子也還有太多時間投注其中，一直到民國 95 年，才從台北回來部落。回來後，看部落的婦女都在做，她沒什麼事，想說也來一起做做看！後來才開始真正開始，但正式深入了解整個完整的製作過程，是她的老師 " 燒傌 " 所傳承給她。所以現在她是我們部落一直在釀酒的婦女之一。

(力：燒傌現在在部落嗎 ?) 她現在在花蓮縣政府，很年輕，她也是來部落後跟部落的婦女學的。(C: 燒傌是跟我的四嫂學的 !)

(力：您的四嫂 ?)(B: 四嫂在花蓮省立醫院 [村長老婆]) 燒傌她不是我們部落的年輕人，她是城市的原住民。她在民國八十幾年承接世界展望會的工作來到部落，她的一些文化知識、阿美語 … 都在部落學習，因為工作長期接觸很多家庭與小朋友，在這也默默的付出奉獻。一段時間後，她考上公務人員，跑了很多地方，豐濱、萬隆，現在在縣政府社會處。剛開始就是社工。

07:44 (力：我知道阿姨有賣酒) 每個人都有在賣啦！(力：除了賣酒之外，阿姨做酒這事每年都需要進行，那是在每年的什麼時間點做呢 ?)(美)###

- 第四段錄音 -

02:26 (美) 好，那個 C 阿姨這邊她沒有說經常在製作那個酒，是說有空閒的時候或者是說大家有在做的時候，他也會跟著去做不是說一直在做，有空她就會做，可是他做的東西不是以銷售買賣為主啦！比如說有空就做，做出來的就留以放著，然後如果台北的小孩，他們的朋友有需要的時候他才會把這些酒去用宅配的方式寄過去。

04:58 然後在部落這邊呢也沒有說跟其它說…(力：做好了可以多久 ?)(美) 以你們的經驗 ?(美) 我先翻譯一下那個阿姨 (C)，他剛才說這個保存的一個時間吼，她做的釀酒並沒有保存到很久，就全部就送光光了啦！因為她才有講到分享，她並不是以買賣為主。就是說有人需要的時候她才會給，那有時候大家聚在一起，或者是說她那邊有釀酒就會分享給大家一起吃。不過她提到一個保存的方式，因為酒釀它是偏甜的，它是甜的，如果說你直接放在地上的話，就會很容易有螞蟻的產生。

07:06 所以她保存方法就是說，她會放在一個透明箱那邊，裡邊裝水再放．這樣子螞蟻就比較不會吃掉，破壞掉那個酒釀這樣子。那可以保存多久，我們所看到的啦！就是說一直保存到兩三年，那個白色的糯米之後會變成有一點土色那種顏色，然後喝起來就有點酸掉了，然後大家還是覺得說好喝好喝，我不知道耶！(大家笑 …) 還是照喝啦！就是這樣子啦！

（力：所以說阿姨說大概十五天？）沒有 ... 他沒有 ...（力：是甜的這樣？）不是，應該是說他的那個 ....（力：不會超過十五天。十五天內都會送完）對啊！量不大！很快就送光光了，大概就是這個樣子（美）

- 第五段錄音 -

00:02 （美）(B:.. 一瓶小米酒 ... 放在冰箱半年)（力：那米要撈出來？）對！(A: 她的是放在冰箱，我們的 沒有) 所以大家都不一樣！（美）美貞阿姨 (B) 製酒的時間與方式就跟馬耀阿嬤完全不同！一個是純分享，有需要才給！另一個是產業化的銷售製造。其實，石梯坪那邊很多那個 ...（力：對！我有買過！）就是有人有需求她就會去做，她自己會有一些庫存，怕有人臨時需要來不及做放冰箱保存。在冰箱中可以維持半年不變色。在冰箱久了，酒會少一點！喝起來的酒精成分跟剛製作的沒有太大的差異；也許是放在冰箱的關係。（美）

04:51 三個人製做的動機與時機彼此間都有差異。阿嬤 (A) 這邊以節慶為主，例如豐年祭第二天，我們都有一個儀式達里木（音譯，敬老尊賢）把好酒獻給長者，（力：所以豐年祭在八月，阿嬤甚麼時候開始做酒？)(A:8/1 就可以做了。) 那時候夏天，應該可以很快發酵完成。（力：您一年做幾斤？豐年祭時您做幾斤？)(A: 只有做 25 斤四顆，剛才說錯！應該是六斤一顆) 她習慣性做的量坐起來品質不會跑掉！她是以祭典為主，但當小孩說我要的時候，就專門為孩子去製作。講一個故事，她的老公以前還是頭目時，我們都會到她們家練習唱豐年祭的歌，他們都很慷慨地把家中的釀酒搬出來分享給年輕人，她的製酒狀態大概就是如此！

07:38 （力：... 過去製酒的原因是否都是跟阿嬤這種狀態差不多？）（美）... 那確實是很珍貴 ..###

- 第六段錄音 -

00:07 （力：還是他們會特地留一些米？）據剛剛美貞 (B) 姊姊說，除了豐年祭會做外，有空閒或有剩下的米就會去做！（力：做好之後，其實就要吃就要吃掉了，因為過去沒有冰箱）對！所以他們就將鍋子放在那，各人經過就舀一些來吃，一開始就這麼吃。我小時候也這麼吃，感覺超難吃，因為我不會喝酒。（哈哈哈哈）(B: 很甜哪 ~~)（力：除了豐年祭會做、家族的大事情 ... 結婚？)(C: 看你自己覺得如何，看你要不要拿出來) 現在結婚比較不會拿釀酒出來了（力：我意思是在過去會嗎？）（美）

02:22 (C: 以前很少會拿出來。）（力：那這個年代呢？因為您 (A) 年紀較大）（美）除了豐年祭外，其他時候沒有很刻意針對地去製作。（力：豐年祭製酒有斷過嗎？）當然沒有斷過啊！尤其是豐年祭的第二天很容易喝醉（力：因為混酒），對！混酒！有的會拿出蒸餾酒、釀酒，蒸餾酒做的有的會拿一個燈，有的拿兩個燈、三個燈 ...（指釀的好壞），一下喝辣、一下喝甜又跳得很嗨，年輕人就很容易喝醉。

03:54 我們第二天的達里木'（音譯，敬老尊賢）儀式，從以前到現在（我成年到現在），完全沒有斷過！所以豐年祭還是保持著非常傳統的儀式（力：所以每一家都會釀酒？這個文化是沒有斷掉的？）對！每一家庭都會做（力：是家族沒斷？），不是家族！是每一家都沒斷！除非是像我們家沒有女孩、又沒種米，就沒有做了。

04:34 像她們（指在場的阿嬤）都有繼續做！都會帶著她們家的孩子、姑娘一起準備。（力：阿姨你們家的年輕少女現在會跟著做嗎？)(C: 現在有的 30 多歲才有做)（力：他們還是會做？)(C: 對！)（力：是你們做媽媽的人教他們？)(C: 不！他們有上課，像我家隔壁的就有去上課)

05:11 上課歸上課啦！我是覺得說，我覺得還是應以部落的傳統方式為主。（美）（力：阿姨 [A] 您有經歷過做酒會被警察抓的年代嗎？)(A: 沒) 其實，是後來法令才頒布（力：酒公賣之後），而且在早期他們也不是以買賣為主（美），這其實大家都知道！我們在市集擺攤有擺出來！（力：自從酒公賣後，家裡就不能做酒，阿嬤就會偷偷到山上做)(A: 對！[點頭]) 這本來就是我們的文化，怎麼可以用這樣的標準來規範我們長久傳承下來的文化傳統，這

樣會造成（文化）斷層ㄟ。（力：是啊！那個年代應是民國幾年？）（美）

07:28 她們說，這是家中平時就很日常的事物，也沒有刻意地規避。仍然會在家中製作。所以，這法令還是需要修改，需要尊重部落本身的傳統。（美）

08:00 （力：阿嬤們以前看過老人家做達慕［音譯，酒麴］嗎？）（美）她（A）說，有看過她媽媽做，但是不知道是什麼藥草。(A: 看到的是用在來米，但草的種類不知道，我只有參與捏的過程 .. 對！. 那個草要打 ..)..###

- 第七段錄音 -

00:08 阿嬤說，她（A）有參與做酒麴，做酒麴用的是在來米，將之打成粉後與藥草汁拌在一起，至於什麼藥草，她也不清楚。（力：部落還有人知道嗎？）大家都不知道 (B: 我只有知道會用艾草、薄荷，和其他很多種不同的草)（力：以前有薄荷？)(A: 有阿！)（力：薄荷還是坊賴［音譯］?)（美）(C: 是薄荷，但是白色的，也不是很白！我有種歐，但種不起來！它要在有水（自然的）的地方，又最好是冰咧的水才會生長。無法種在花盆中)

01:31 關於酒麴的藥草，我自己也曾訪問過。（力：阿嬤，您（B）媽媽知道嗎？)(B: 我也是曾看過我媽媽做，一樣也是捏捏放進籮筐中！) 我知道可用的材料，是柚子與橘子的葉子、橘子的皮、毛柿的葉子（力：如果把葉子拿給阿嬤［理事長的媽媽］看看是不是可行嗎？) 可我也不知道是什麼葉啊！（美）（力：以前也是坊賴嗎？)(B: 對！印象中包含艾草和 ' 坊賴)（力：所以阿姨你們現在用的酒麴都是買的，那以前的酒和現在的酒味道或其它有不同嗎？喝起來感覺有差嗎？)（美）

04:09 (B: 小時候我有吃過老人家做的)（美）（力：因為外面做的酒，吃起來很甜很甜，而有時阿嬤自己做出來的酒散發出清香、不那麼甜！)(B: 對！不同)（美）請大家稍微分析一下。（美 [A]）我 [A] 小時候只有舔一舔淺嚐，並沒有太多印象。我四十幾歲才開始

做。（美）我們這邊來了另一位製酒師(D)，請自我介紹一下！（美）你們好，我是葉秀 ..（美），大家應該都很認識我，我是早餐店、三姊的店 ....（美）。

（美，向葉秀說明，並請她分享前述經驗）

08:46 三姊說以前製作酒釀，沒那麼…###

- 第八段錄音 -

00:01 沒那麼方便，跟以前比。以前放米的是四方形平面的器具以達里宕（音譯，編製，通常會在上面揉製麻糬）當時跟他母親學習時還未結婚，(D: 我 14、5 歲時) 她母親認為她年紀大了，應該將這技藝傳承下去給她。（力：所以她的師父是母親）對！剛開始技術還不純熟，所以在做的時候都會被編的器具刺到手。她認為，她現在做的酒和母親做的味道很接近，有媽媽的味道。以前的酒麴也都是長輩自己做。（力：阿姨妳知道什麼草嗎？)(D: 我只知道 '' 坊賴 ") 你現在可以問她媽媽，媽媽現在 91 歲，（力：阿嬤還記得嗎？)(D: 不記得了，失智。現在只能用買的，沒辦法自己做了) 三姊的敘述與做時程約是以上如此。(D: 現在都有桶子可以保溫，我記得我媽媽以前要用法告［音譯，盛裝的容器]...[美].. 保溫 ... 蓮草 ... 可以保溫) 三姊說，早期製作時，如果在冬天製作希望發酵的速度可以快一點時，用法告（音譯，籮筐)、帆布、雨衣將之蓋住後其實還不夠，還要上山採通草葉，選比較厚一點的可以保溫。以這種方式加快保溫的速度，老人家的智慧。

05:39 （力：可以說一下達里木（音譯，敬老尊賢）儀式的過程嗎？您剛說你們的過程和其他部落不太一樣）是！（美）###

- 第九段錄音 -

00:34 你剛剛說為何伍繞（音譯）遷徙過來？(指力之剛剛問的問題)（美）在那（伍繞）人口已經太多了無法再發展，就這麼遷過來了，另一點是靠海取魚方便！（美）剛在說，遷徙過來的原因還有，

就是之前需要更多的土地開墾種植如：芋頭、地瓜之類，原本的大家族地沒有遷徙過來的人土地大，主要是往大里灣方向的稻田有水、往海岸線方向就比較沒水，他們就不會找向那邊。分配土地時就將沒水的部分分給遷徙者，沒想到現在那邊的土地反而更好、最值錢。(B: 現在不是很多民宿嗎？很多外地人在買，尤其是東興那一帶) 就是要再去尋找開墾的地方遷徙才過來。(力: 糧食不夠?) 應該是可耕種的土地不夠！

05:24 (力: 那你們有再回去嗎?) 大家異口同聲說: 有！現在回去當然不會傻傻走原來的路囉！走光豐公路囉！(力: 所以原來的路還在嗎?) 還在！(D: 現在富源要翻山越嶺才到八里灣部落 ....(美) 好像今年是第三年，八里灣部落族人從富源遷徙過來，最近開啟尋根之旅，去走祖先原先走過來的古道回去，(力: 所以他們有年輕人回來?) 有哇！豐年祭年輕人都會回來啊！他們現在也非常重視這一區塊。

07:30 (力: 阿姨剛說聖山是指?) 我們以傳統的故事傳說，我們祖先來季喇哈 '(音譯)，我們相信我們是從聖山發展下來，雖說我們祖先是落腳在鶴岡部落，可是相同是從聖山奇萊雅那邊來的。所以每次豐年祭的時候會派我們的勇士去聖山祭祖、報訊息說豐年祭到了，請他們來跟我們一起慶豐收。###

- 第十段錄音 -

04:00 (力: 阿姨 [D]，請問您每年都 ' 拔哩姆 (音譯) 嗎?)(D: 對啊！像今年我的孫女還是要讓他們知道阿公是誰 ....(美)

05:31 剛剛提到長者在做釀酒比較禁忌的部分，作釀酒時不要在大庭廣眾之下、也不要在有人常經過走動的地方、不能做愛做的事等，最好是在角落的地方去做 (C: 要藏起來做)，不要讓人知道。(力: 月經來可以嗎?)(D: 不可以！) 後來她追述豐年祭拔哩姆的部分，她最主要的意義是，除了敬老尊賢、也分享祖靈能保佑我們田地可以豐收，讓村落風調雨順、包含感謝天的用意在內。這次她 (D) 比較忙，請孫女代替她進行儀式，(力: 您孫女幾歲?)(D: 高一) 因為她不太認識她的長輩 (家族)，後來三姊 (D) 有交代

你只要跟著一個姐姐 (同一家族)，跟著她去。但孫女還是不太願意，可能是害羞。所以，三姐很擔心今年釀的酒沒有分享給大家，作物不會豐收。

08:30 其實，我們長輩一拿到酒會 { 大家同聲舉手發出: 喔 ~~~~ 的聲音 }，他會說是誰誰誰 ... 我們會先感謝天地 ###

- 第十一段錄音 -

00:10 就感謝他們這一年來給部落的保佑。也可以就當時的環境氣候說一下，例如不要讓颱風進來、不要有瘟疫侵害部落，敬晚輩希望他們在外工作、讀書都能很順利等祝福給他們，然後才喝下那杯酒。

01:06 (力: 以娜剛剛說 ' 篤論 (音譯) 是什麼?) 就三種，篤論 (音譯，糯米)、以布斯 (音譯，蓬萊米)、侯來麥 (音譯，在來米)，所以可以做酒的就只有糯米，才很珍貴啊！(力: 所以糯米叫篤論?) 對！

02:05 那種禁忌或其他什麼要補充。(美) 當你知道你要煮的糯米飯是要做釀酒時，你在做的過程中千萬不要放屁！因為放屁做出來的不容易發酵成功。兩位敘述的的是長輩傳說下來的禁忌。三姊 (D) 的補充是當妳先生剛往生時，釀酒時很忌諱人家會走近或走過來，如果這樣你的酒味道會變調，她討厭人家在她釀酒時走到她的旁邊問東問西。雖說是傳說，三姊認為我們還是要遵守長輩留下的文化傳統。

07:39 為什麼呢？因為這樣的故事與事情，我們還是要傳給下一輩明白過去留下的文化內涵。(美)(力: 我聽說做酒是跟手有關)(美)(C: 個人的手藝不一樣，做出來的也會不同)###

- 第十二段錄音 -

00:05 (A: 你做不好！就是你的手不好啦！)(美)

00:26 其實這個手的部分，我自己的觀察跟判斷，應該是身體與身體的變化，可能製作過程當中出汗出得太多，會影響製作品質與發酵結果。如果按長輩說，若你做失敗，你的手就不適合做酒。（力：這句阿美語老人家怎麼說？）（美）那嘎賣央（音譯，不好的手）（美）

02:44（力：您自己在被 '' 把里木 '' 時...）其實我有在閃躲啦！你們沒看到我還很年輕喔！

03:14（美）（如果一個家族中都是男生怎麼辦？）不可能啦！總是有女人生小孩啊！兄弟姊妹總有小孩....

04:09（力：那一定要穿傳統服？）對！一定要穿。不穿會被趕出去。(C:沒有穿就是沒禮貌，不尊重!)###

- 第十三段錄音 -

14:41（力）把力木（音譯）的過程，就是跟其他部位也不太一樣.（翻譯）對.

14:49（力）請誰講...（美）大家一起來講...都可以啦！（美）

17:51 好，這個我們豐年祭第二天有個儀式叫做把力木，其實用中文去翻譯也翻譯不出他的一個比較完整，比較能夠貼切地去解釋把力木的意思。以我這個男孩子所了解的，我先講述一下那個三節，就是說在知道那個豐年祭（哪魯巴蓋），他們再通知大家說豐年祭要到了，哪個婦女要準備那個豐年祭的一些酒的時候。他們就開始去動作，然後也當然會準備到那個把力木的酒，他（阿姨的）的媽媽有特別交代是說把力木這個儀式，不可以隨便，一定是自己家族的長輩為優先的，不是說我看到哪一個長輩。不是！一定是自己，自己家族的部份去敬這個酒，因為這個酒比較珍貴嘛！以前早期要釀出這麼多的一個酒，是非常不容易的。

19:29 然後這個敬酒一定是從最年長的開始去敬，然後一直到...反正

就是你的家族去敬. 然後以我這個嗎媽嘎八索（音譯）知道所了解的部分，應是先有四大家族的子女先進入到會場裡面去，去敬他們的長輩之後，我們其他遷徙過來...

20:01（力）所謂的四大家族是哪四大家族？伊簍雜（音譯），魯艾（音譯），一簍札拐賣（音譯）.... 阿姨們開始說明 ....（美）那個家族已經遷徙到別的地方了 .... 有頭有臉的人 ... 非常有錢的人 ...

21:46（力：所謂四大家族是他們？））原本就住在這裡，他比我們深根。我們是鶴岡遷徙過來的，所以我們還是先尊重他們，他們先把力木我們才進會場。（力：所以現在每年豐年祭就只剩三個家族的人？）對，可是有進去的好像只剩下一個家族了。札嘎理定（音譯）兩個家族，札嘎理定就是小白那個家族、札咪醬陳正驊他們，汗為搜障（音譯）有時也會進去，那邊都沒有去。這個也就是一個時代的變遷，影響後面文化沒有保存的完整，然後再來就是看他們家族有沒有對自己的文化的注重視，也只能這樣子去說了啦！

22:56（力：所以他們先進來？）對！對！先進來之後。我們其他外來的 ... 移民過來的家族才可以進去會場。對對對對對 ... 這個是跟 ..（力：外來移居的家族有幾個？）很多耶！數也數不完。（力：從哪裡來？鶴岡？）也是很多啊！鶴岡也有 ... 大部分都是 ...（阿姨）伍繞（音譯），我們也是伍繞來的 ... 瑞穗那一邊 ...（力：鶴岡很多？）對呀！

23:33（力：你知道為什麼會翻過來嗎？）我聽他們講啦！我聽這邊上面這個阿嬤，其實有時候還可以真的去訪問那個阿嬤。（阿姨）他的腦筋還很好（翻譯）還沒有失智勒！（力）幾歲？（阿姨）差不多也有 90 吧 !80 多快 90 了。我弟弟常去那邊，他豐年祭回來的時候就去找阿嬤（美）豐年祭都會去那邊（美）

26:48 剛才是講到哪裡？（阿姨們：祖先啊！祖先那個四大家族 ... 其實我剛才還要再追加那個 ...（阿姨：還有那個阿嬤 ...) 啊！你剛剛說為什麼會從伍繞遷徙過來？....（美）... 人口已經太多了，在那個部落裡面沒有辦法再繼續那個 ... 雖然那邊幅地遼闊，土地很

多，好像 ... 也不知道是怎麼分配。他們就要遷徙過來，就是那個部落人口已經太多了，所以他們要另找一個地方，第二個就是說靠海取魚很方便啦！對 ...((美)... 大家開始談論)

29:57 補充一下，剛才是講說遷徙過來的原因，除了剛才講的應該是說主要是開墾的一個地方，需要更多的一個土地來種植食物，比如說芋頭、地瓜之類的。然後遷徙過來現在反而是 .... 原本四大家族的部分，土地是最少的。反而是遷徙過來的土地是比較多，比較大，最主要的原因是說往八里灣那個方向，那邊的水田。(阿姨) 溪水 .(翻譯) 那邊的稻子有水，往海岸線那個地方，往花蓮的方向就比較沒有水，他們就不會去選擇，然後分配給他們土地 . 四大家族分配給移民就說那邊給你們耕種，沒想到現在那邊的土地是最值錢的 . 那邊就沒甚麼啦！海岸線這邊 ...(阿姨：不一定，不一定啦！那是因為那邊最近一直蓋民宿，不是嗎？都是外地的人在買，尤其是東興那一帶 ...) 就是要去尋找開墾的地方才遷徙過來 .(力：糧食不夠了 .) 應該是土地耕種的不夠，嘿啊！大概是這樣子啦！(力：那你們有回去嗎？(大家異口同聲) 有，有啊！現在回去也都傻傻地會走原來的路啊！(力：所以原來的路 ?)(阿姨：山上啊！有在，還有。) 還有啊！知道啊！老人家他們知道。(阿姨：現在八里灣豐年祭的時候，他們吼 ... 富野那邊，他們是翻山越嶺才去八里灣，才有那個部落在八里灣。他們就是從那個白拉散 (音譯) 爬山下來的，他們才居住在那個地方，可是 ...(美)

33:04 (翻譯) 好像是第三年，今年是第三年，八里灣部落他們的族人是從富野那邊遷徙過來的。他們就最近才開始做一個尋根之旅，就是走原有祖先走的那個古道，然後回去這樣子。好像今年是第三年，可能以後他們為了這個文化的那個 ...(力：你說他們有年輕人回來 ?)(阿姨：有啊！他們還是有年輕人啊！) 有啊！也會有啊！台北那邊年輕人 ... 豐年祭都回來呀！年輕人啊！他們現在也很重視這個區塊這樣。(力：那阿姨剛剛說聖山的 ...) 就是我們 ... 依照我們傳統傳說，說我們的組先就是來自幾拉哈善啊 (音譯)

34:06 (力：整個部落都是這樣子 ...) 我們也很相信說，我們的祖先也是剛開始從聖山那邊發展下來，雖然我們的祖先是落腳在那個鶴岡部落。可是一樣啊！我們的那個也是從聖山幾拉雅善 (音譯) 那邊來的啊！然後所以我們每次豐年祭得時候，我們都會派我們的勇士會去聖山報訊息跟我們的祖靈。祭祖，除了祭祖也是報訊息說我們的豐年祭到了，請他們來跟著我們一起慶豐收這樣子。###

01

九孔（台灣鮑魚、珍珠鮑）

學名 *Haliotis diversicolor*

02

海菜

英文名 Sargassum, Laminaria japonica, spirulina

03

毛蟹

學名 *Platyeriocheir formosa* (Chan, Hung & Yu, 1995)

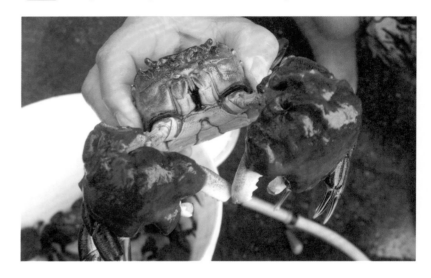

04

鯊魚

學名 *Selachimorpha*

05

海貝與螺類

英文名 conch

06

龍蝦

學名 *Panulirus*

07

鰻苗

學名 *Anguilla Japonica*

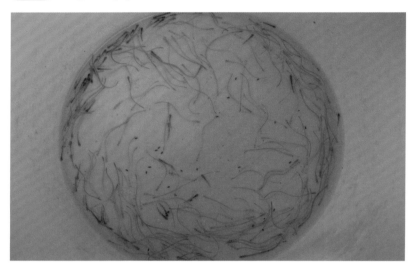

08

海膽

學名 *Stomopneustes variolaris, Anthocidaris crassispina*

09

旗魚

學名 *Istiophorus platypterus*

10

飛魚

 Hirundichthys oxycephalus

11

虱目魚

 *Chanos chanos*

12

箭竹

學名 *Yushania niitakayamensis (Hayata) Keng f.*

13

山棕

學名 *Arenga tremula (Blanco) Becc.*
Arenga engleri Becc.

14

檳榔

學名 *Areca catechu*

15

小米

學名 *Setaria italica*

16

鳳梨

 Ananas comosus (L.) Merr

17

菸草

 Nicotiana tabacum Lin

18

月桃

 Alpinia zerumbet

19
白甘蔗
學名 *Saccharum officinarum Linn.*

20
香蕉
學名 *Musa sapientum Linn., Musa nana Lour.*

21
桂竹
學名 *Phyllostachys makinoi Hayata*

22

福木

學名 *Garcinia subelliptica Merr.*
Garcinia spicata Hook. f.

23

麵包樹

學名 *Artocarpus incisus (Thunb.) L. f.*
Artocarpus altilis (Park.) Fosberg.
Radermachia incisa Thunb.
Artocarpus incisa (Thunb.) L.

24
薏苡

學名 *Coix lacryma-jobi* L.
Coix lacryma-jobi L. var. *lacryma-jobi.*

25
水牛

學名 *Bubalus bubalis*

26

牛糞

學名 無

28

白茅

學名 *Imperata cylindrica*

27

林投

學名 *Pandanus tectorius*

29
黃藤
 Calamus quiquesetinervius Burret.
Daemonorops margaritae (Hance)
Beccari

30
香茅
 Cymbopogon

31
稻米
 Oryza sativa

32

蓪草

學名 *Tetrapanax papyrifer*

34

毛鞘蘆竹

學名 *Arundo donax var. coleotricha*

33

薑

學名 *Zingiber officinale Roscoe*

35
薯榔

學名 *Dioscorea cirrhosa*

36
刺竹

學名 *Bambusa stenostachya Hackel*

37
大葉山欖

學名 *Palaquium formosanum Hay*

38

毛柿

學名 *Diospyros discolor Willd. Diospyros discolor, Diospyros utilis, Diospyros discolor var. utilis, Diospyros philippensis*

39

白背芒

學名 *Miscanthus sinensis var. glaber (Nakai) J. T. Lee.*

40

木薯

學名 *Manihot esculenta*

41

仙草

學名 *Mesona procumbens Hensl., Mesona chinensis Benth.*

42

桑椹木

學名 *Morus alba Linn.*

43

椰子樹

學名 *Cocos nucifera*

44

蓖麻

學名 *Ricinus communis Linn.*

45

魚藤

學名 *Millettia pachycarpa Benth,*
Millettia taiwaniana (Hay.) Hay,
Millettia taiwaniana (Matsum.) Hayata

46
金針
學名 *Hemerocallis fulva Linn*

47
落花生
學名 *Arachis hypogaea*

48

黑豆

 Dumasia bicolor,
Glycine max (L.) Merrill,
Glycine formosana Hosokawa

49

水鹿

 Rusa unicolor swinhoei.

照片提供 施金德

50

桄榔

 Phoenix hanceana Naudin

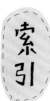

索引

參考文獻

訪談與口述耆老

港口 / 林清進、蕭金光、黃阿妹、吳金英

新社 / 潘金榮 、潘天利

貓公 / 蔡桂美、吳美禎、吳秀珠、葉秀夏、許文德、
江文吉、吳福興

復興 / 王明源、黃春生、吳阿妹、陳文良、林阿梅、
張慧芬

磯崎 / 劉雪花、陳義盛、吳愛蓮、吳蓮芳、李玉英、
張錦妹、林金妹

備註 1: 本書為第一階段的資料彙整，恐有疏漏謬誤之
處，尚祈讀者不吝指教，不勝感激。

備註 2: 在噶瑪蘭文化中，metiyu 這個身份需有天命
指定的徵兆，是能與神靈連結、解除災禍、除
病治傷和執行部落祭典之人。

參考文獻

林素真 ，噶瑪蘭—新社和立德部落歷史研究，南投
/ 台北 / 新北市 : 原住民族委員會 / 國史館 / 原住民
族委員會 出版，2017。ISBN:978-986-05-4013-0、
GPN:1010601988。

詹素娟，族群、歷史與地域—噶瑪蘭人的歷史變遷 (從
史前到 1990)，國立台灣師範大學歷史研究所博士論
文，1998。

阮昌銳，台灣土著族的社會與文化，台北 : 台灣省立
博物館，1994。

張振岳，噶瑪蘭族的特殊祭儀與生活，台北 : 常民文
化，199

廖風德，清代之噶瑪蘭——一個台灣史的區域研究，台
北 : 里仁書局，1982。

周家安，〈噶瑪蘭人相關歷史年表〉，《宜蘭文獻雜
誌》6:48-51。1993。

臧振華主編，南島民族植物文化，台東 : 國立台灣史
前文化博物館，2005。

鴻義章等，〈阿美族生藥植物的初步調查〉，《東台
灣叢刊》4:81-89，台東 : 東台灣研究會，2000。

王力之編，I Laeno' ay a mato' asay itiya' ay ho
a demak—老人家，以前…大港口的故事，花蓮 : 港
口部落出版，2019。

郭信厚，台灣經濟作物圖鑑，台北 : 貓頭鷹出版社，
2019，ISBN:978-986-262-391-6。

何玉玲、張永勳編，台灣原住民族藥用植物彙編，台北：衛生福利部出版，2017。

鐘明哲、楊智凱著，台灣民族植物圖鑑，台中：晨星出版有限公司，2016。ISBN:978-986-177-590-6。

丘延亮，〈阿美族吃的傳說故事〉，《山海文化雙月刊》17:40-41。1997。

蘇素敏編，Midateng—野地的祝福 / 磯崎野菜餐桌，花蓮：花蓮日日工作室 XHatila 在磯崎工作室出版，2018。

花蓮縣政府，Mopalafang Kita—來作客，花蓮：花蓮縣政府出版，2018。ISBN:978-986-05-7587-3、GPN:1010702103。

曾錚萌等，族人的廚房，花蓮：行政院農業委員會花蓮區農業改良場，2017。

Ifuk.Saliyud(依夫克 · 撒利尤)，港口阿美族 kadafu 口述生命史，花蓮：國立東華大學原住民族學院，2016。ISBN:978-986-05-0992-2、GPN:1010502670。

浦忠勇，原蘊山海間—台灣原住民族狩獵暨漁撈文化研究，新北市：原住民族委員會，2018。ISBN:978-986-05-5236-2、GPN:1010700126。

伊能嘉矩、粟野傳之丞，傅琪貽（藤井志津枝）譯，台灣番人事情，新北市：原住民族委員會，2017。ISBN:978-986-05-3656-0、GPN:1010601558。

中央研究院民族學研究所、順益台灣原住民博物館，民族、地理與發展：人地關係研究的跨學科交會，台北：順益台灣原住民博物館，2017。ISBN:978-986-92396-3-9。

陳幸均編，花蓮縣豐濱鄉原住民族部落文化誌，花蓮：花蓮縣豐濱鄉公所，2014。ISBN:978-986-04-1256-7。

陳幸均編，花蓮縣豐濱鄉原住民族部落祭典文化誌，花蓮：花蓮縣豐濱鄉公所，2014。ISBN:978-986-04-1255-0。

潘富俊，〈台灣外來植物引進史〉，2008。參考網站：https://e-info.org.tw/node/39871。資料擷取時間：2020/03/11。

張治國，〈台灣椰子現階段遭遇之問題與因應對策〉，《農政與農情》132，行政院農業委員會，2003。參考網站：https://www.coa.gov.tw/ws.php?id=4457，資料擷取時間：2020/04/02。

劉璧榛，〈噶瑪蘭人的食物、權力與性別象徵—稻米、獵物與家禽〉，台北：《國立台灣大學考古人類學刊》4(1):45-77。2007。

臍帶之地
豐濱地方文化材料圖誌

Transmissibility vol.1
fengbin cultural material document

國家圖書館出版品預行編目 (CIP) 資料

臍帶之地：豐濱地方文化材料圖誌 . 1 =
Transmissibility : Fengbin cultural material
document vol.1 / 王怡靖 , 黃碧雲總策劃 . -- 初
版 . -- 花蓮市：農委會林務局花蓮管處 , 2020.08
　面；　公分
ISBN 978-986-5449-26-1(平裝)

1. 臺灣原住民 2. 民族文化 3. 文化產業 4. 產業發
展 5. 花蓮縣豐濱鄉

536.33　　　　　　　　　　　　109012080

計畫名稱：　森川里海藝術創生基地計畫
發行人：　黃群策
總策劃：　王怡靖、黃碧雲
策劃：　陳靜儀、許芳嘉
出版機關：　行政院農業委員會林務局花蓮林區管理處
電話：　03-8325141
地址：　花蓮市林政街 1 號

企劃製作：　節點共創有限公司
地圖繪製藝術家：　王秀茹
族語老師：　拉拉 · 龍女（港口部落）、林玉妃（新社部落）、
　　　　　　邱貞英（磯崎部落）
族語校稿：　原住民族委員會噶瑪蘭族語言推動組織（新社部落）、
　　　　　　吳愛蓮（磯崎部落）
設計排版：　鄭惠敏
編輯小組：　蘇素敏、王力之、蔡影澂、李昀、陸奕純、吳怡萱
印刷：　成偉有限公司

著作權所有：　行政院農業委員會林務局花蓮林區管理處、磯崎部落、
　　　　　　　新社部落、復興部落、貓公部落、港口部落
ISBN：　978-986-5449-26-1（平裝）
GPN：　1010901189
版次：　初版 2020 年 7 月；初版 2 刷 2021 年 12 月
定價：　新台幣 450 元

優良出版品
推薦
GOLDEN TRIPOD AWARDS for Publication

林務局 永續山村
FORESTRY BUREAU Sustainable Mountain Villages

林務局花蓮林區管理處

節點共創有限公司

獲得第 45 屆金鼎獎政府出版品圖書類優良出版品推薦